Klett Lektürehilfen

Joseph von Eichendorff

Das Marmorbild

Interpretationshilfe für Oberstufe und Abitur

von
Claus Gigl

Klett Lerntraining

Claus Gigl, Gymnasiallehrer für die Fächer Deutsch und Geschichte und Schulleiter eines bayerischen Gymnasiums. Er ist in der Lehrerausbildung und Lehrerfortbildung tätig und an der Ludwig-Maximilians-Universität München Zweitprüfer im Fach Deutsch.

Die Textzitate folgen der Ausgabe:
Joseph von Eichendorff: Das Marmorbild. Novelle.
Stuttgart: Reclam, 2004, 2015 (Reclams Universal-Bibliothek Nr. 18539).

Bibliografische Information der Deutschen Nationalbibliothek
Die Deutsche Nationalbibliothek verzeichnet diese Publikation in der Deutschen Nationalbibliografie; detaillierte bibliografische Daten sind im Internet über http://dnb.dnb.de abrufbar.

Dieses Werk folgt der reformierten Rechtschreibung und Zeichensetzung. Ausnahmen bilden Texte, bei denen künstlerische, philologische oder lizenzrechtliche Gründe einer Änderung entgegenstehen.

1. Auflage 2020

www.klett-lerntraining.de
kundenservice@klett-lerntraining.de
Umschlagfoto: Shutterstock, New York (Oleg Golovnev)
Satz: DOPPELPUNKT, Stuttgart
Druck: medienhaus Plump GmbH, Rheinbreitbach
Printed in Germany
ISBN 978-3-12-923166-1

1 Inhaltsangabe und erste Deutungsaspekte

2 Analyse und Interpretation

3 Schnellcheck

4 Prüfungsaufgaben und Lösungen

1 Inhaltsangabe und erste Deutungsaspekte

Vorbemerkung

Eichendorffs kurze Erzählung handelt von dem jungen Florio, der sich in ein Mädchen, Bianka, verliebt, diese Liebe aber wieder zu verlieren droht, bevor die beiden schließlich doch ein Paar werden. – So weit die Handlung auf ihrer Oberfläche, wobei man sich gut vorstellen kann, dass der Text auf großes Interesse der Leser stieß. Liest man jedoch genauer, dann wird klar, dass es dem Autor nicht um eine Liebesgeschichte ging, wie man sie zu Hunderten oder Tausenden in Heftchenromanen der damaligen Zeit finden konnte.

Eine wenig verwickelte Handlung?

Eichendorff ging es um mehr. Sein Protagonist ist ein junger Mann, in Sachen Liebe und Sexualität noch völlig unerfahren. Als er mit dem einen konfrontiert wird, ist das andere nicht weit. Da er sich noch nicht auskennt, kommt er kurzzeitig „vom rechten Weg" ab. Beinahe wird er verführt zu einer oberflächlichen Sexualität, die, wie Eichendorff darstellt, in Kontrast zur romantischen Liebe steht. Dabei ist das Wort „romantisch" als literaturgeschichtlicher Begriff gemeint und nicht mit den heutigen oft klischeehaften Assoziationen befrachtet.

Thema: Das Erwachsenwerden eines jungen Mannes

Die Verführung durch die Venus, die als heidnische Gottheit, als reale Person und als marmorne Statue im Text auftritt, ist negativ konnotiert durch andere Figuren (z. B. den Ritter Donati), Symbole (z. B. eine Schlange) und Beschreibungen. Der Erzähler stellt dieser Liebe eine andere Form gegenüber: eine personale Liebe, die auf christlichen Werten basiert und für die sinnbildlich die Muttergottes mit dem Kind steht. So lässt sich festhalten, dass Eichendorff einen Sachverhalt durchspielt, nämlich das Erwachsenwerden eines jungen Mannes, der gewissen Anfeindungen des Lebens ausgesetzt ist. Hier ist es eben die Macht der Sexualität, auch wenn diese oft nur in seiner Phantasie vorkommt.

Zeit und Ort der Handlung

Das Marmorbild von Josef von Eichendorff spielt in der Gegend der italienischen Stadt Lucca. Die Kleidung der Personen und die Lebensweise deuten darauf hin, dass die Handlung im späten Mittelalter stattfindet. Sie erstreckt sich über mehrere Tage. Wie man noch sehen wird, handelt es sich bei solchen Angaben aber um Äußerlichkeiten, die zwar symbolische Wirkung haben, für das Geschehen aber nicht weiter von Belang und außerdem nicht strikt eingehalten sind.

Die Personen

Auch das Personal des Textes entspricht nicht der Realität. Man kann sich zwar Florio und Bianka, auch Fortunato vorstellen. Schwieriger wird es schon bei Ritter Donati. Er wird immer wieder in Situationen zwischen Wachen und Träumen gezeigt. Auch seine Rolle als Vermittler zwischen Florio und Venus macht ihn zu einer weniger realen Figur. Die Venus selbst ist real kaum greifbar. Eine römische Göttin, die mit Beginn des Frühlings emporkommt und mit seinem Ende wieder untergeht – wie soll das gehen? Auch die Belebung ihrer Statue – eben das Marmorbild im Park –, auch hier scheint der Realitätsbezug eher gering. So „vertritt“ die „schöne Dame“ die Venus im täglichen Leben der Novellenhandlung.

Zur Frage der Gattung

In einem Brief an seinen Herausgeber Friedrich de la Motte Fouqué vom 2. Dezember 1817 nennt Eichendorff *Das Marmorbild* selbst „eine Novelle oder ein Märchen“. Der Autor kann sich nicht wirklich entscheiden, wofür er sein 1819 veröffentlichtes Werk hält, und das hat gute Gründe: Für beide Gattungen lassen sich Argumente finden. So erinnert beispielsweise der Beginn des ersten Satzes („Es war ein schöner Sommerabend“) an die Eingangsformel eines Märchens. Und nach Art der Märchen bleiben auch die Zeit- und Ortsangaben recht unbestimmt. An die Novelle erinnert etwa der Aufbau, der den Text in fünf Abschnitte gliedert (vgl. dazu ausführlicher die Seiten 43–46 der vorliegenden Lektürehilfe). Es handelt sich also bei dem *Marmorbild* um einen vielschichtigen Text, der immer wieder neu gelesen und interpretiert werden muss.

Die Handlung

Erster Abschnitt (3–17)

KURZINFO

Erzählanfang (Exposition)

- Florio reist in die italienische Stadt Lucca.
- Auf dem Weg dorthin gesellt sich der Sänger Fortunato zu ihm.
- Florio begegnet dem Mädchen Bianka zum ersten Mal.
- Ritter Donati taucht auf und verwirrt Florio.
- Im Traum erahnt Florio die Gefährdung, in der er sich befindet.
- Florio ist fasziniert von dem Marmorbild am Weiher.

Der Beginn: Florio reist nach Lucca

Die Novelle beginnt mit einer Szene, wie sie für die Literatur der Romantik ganz üblich ist: Ein junger Adeliger namens Florio, der sich auf einer Reise in Italien befindet, reitet auf die norditalienische Stadt Lucca zu und nimmt dabei optische und olfaktorische Sinneseindrücke wahr. Die Landschaft wird als „wunderschön" bezeichnet, es hängen „feine Düfte" über ihr und an den Straßen entlang gehen in „bunten Zügen" „Damen und Herren" „fröhlichschwärmend" (3.5 ff.).

Begegnung zwischen Florio und Fortunato

Noch vor den Toren der Stadt gesellt sich ein bunt gekleideter Fremder, wie sich später herausstellt der fromme Sänger Fortunato, zu ihm. Florio findet an seinem neuen Bekannten Gefallen und kommt bald mit diesem ins Gespräch. Dabei gesteht er, dass er nicht wegen irgendwelcher Geschäfte in Italien unterwegs ist, und gibt auf Nachfrage zu, dass er gerne ein Poet wäre, sich aber selbst aus Ehrfurcht vor den großen Sängern nicht so bezeichnen würde. Auch Fortunato ist von dem jungen Mann sichtlich angetan und ermuntert ihn zu singen, wenn er dies gerne tun würde, indem er sagt: „Jeder lobt Gott auf seine Weise" (3.31).

So aus der Reserve gelockt, gibt Florio weitere Wünsche preis, z. B. dass er sich das Reisen als Beschäftigung ausgesucht habe, da er schon lange Sehnsucht nach den blauen Bergen gehegt habe, besonders im Frühling, wenn sich die Natur neu entfaltet. Sein Begleiter antwortet darauf nachdenklich und scheinbar zusammenhanglos mit der Frage nach dem Spielmann, der die Jugend in einen Zauberberg hineingelockt habe, aus dem keiner jemals wiedergekehrt ist. Damit spielt Fortunato auf den Tannhäuser-Mythos an, der folgende Geschichte erzählt: Der mittelalterliche Sänger Tannhäuser will nach sieben Jahren im Berg bei Frau Venus in die Welt zurückkehren und beim Papst in Rom Ablass für seine Sünden erhalten. Dieser wird ihm jedoch nicht gewährt, so dass er für den Rest seines Lebens in den Venusberg zurückkehrt. Florio kann mit dem Hinweis Fortunatos nichts anfangen, vergisst ihn in seiner jugendlichen Naivität auch gleich wieder, als er an einem Festplatz ankommt, wo er vom bunten Treiben fasziniert ist. Die beiden Männer mischen sich unter die Festgäste und verlieren sich aus den Augen.

Der Tannhäuser-Mythos

Bei seinem Gang über den Festplatz stößt Florio auf eine Gruppe junger Mädchen, die Federball spielen. Besonders ein Mädchen, das durch ihre Anmut und „ihre zierliche, fast noch kindliche Gestalt" (5.6 f.) auffällt, zieht ihn an. Als dann der Federball, der eigentlich ihr galt, Florio vor die Füße fällt, hebt er ihn auf und reicht ihn ihr, wobei sich die beiden tief in die Augen sehen – der Beginn ihrer Verliebtheit.

Florios erste Begegnung mit Bianka

Einige Zeit später gibt es wieder Tumult. Nun wird der Sänger Fortunato als Gast angekündigt – ebenjener Mann, in dessen Begleitung Florio zum Festplatz geritten ist und dessen Namen und Berühmtheit Florio erst jetzt bekannt wird. Unter all den Menschen, die dem Sänger zujubeln, erkennt Florio, der ehrfurchtsvoll in der Menge ausharrt, auch das Mädchen mit dem Federball wieder. Da entdeckt Fortunato Florio, geht freundlich auf ihn zu und nimmt ihn in eines der Zelte mit, wo das Nachtmahl gereicht wird. Dort wird Florio von den Anwesenden so herzlich aufgenommen, als sei er ein alter Bekannter. Florio hält sich bei Tisch an das Mädchen mit dem Federball und als jeder einen Trinkspruch zum Besten geben muss, der seiner Liebsten gewidmet ist, gesteht Florio, dass er keine habe. Dies scheint das Mädchen zu freuen, wie man seiner Mimik und Gestik entnehmen kann. Als Florio das Mädchen küsst, was den Beifall der anderen Gäste findet, scheint er selbst darüber mehr verwirrt zu sein als dieses.

Bei der Festgesellschaft

Fortunato, der offensichtlich keine Frau hat, auf die er einen Trinkspruch ausgeben kann, nimmt seine Gitarre und singt für alle ein Lied. Dieses Lied klingt anfangs heiter und ist im Volksliedton gehalten, wozu auch die Bauform (vierzeilige Volksliedstrophe mit Kreuzreim) passt. Im ersten Teil ist von der Gewalt der Liebe die Rede, die alles dominiert, von Gott Bacchus, der als Wein- und Fruchtbarkeitsgott gepriesen wird. Auch „Frau Venus“ (9.1), die für die erotische Liebe steht, wird hier in ihrer Funktion genannt. Im zweiten Teil des Liedes ändert sich dann das Versmaß und damit auch der Ton und die Wirkung: Nun ist vom Ende der Liebe die Rede sowie von einem himmlischen Fackelträger, mit dem wohl der griechische Todesgott Thanatos gemeint ist. Er hat die Aufgabe, die Menschen „hinauf“ (11.2) in den Himmel zu bringen.

Das erste Lied Fortunatos

Die Zuhörer haben die Aussage des Liedes, das als Vorausdeutung zu verstehen ist, genau erfasst: Alle sind still, auch außerhalb des Zeltes ist es in der hereinbrechenden Nacht ruhig geworden. Genau in dieser Situation betritt ein prächtig gekleideter Ritter – dass er Donati heißt, erfährt der Leser erst später – das Zelt und erregt die Aufmerksamkeit der Anwesenden: einerseits aufgrund seines prachtvollen Äußeren, andererseits wegen seiner Ausstrahlung, die an den Fackelträger aus Fortunatos Lied erinnert, was einen Gegensatz zu dem Auftreten der anderen Festgäste darstellt. Auch die Verhaltensweisen des Fremden sind seltsam. Obwohl ihn niemand zu kennen scheint, tritt er ein, grüßt kurz und trinkt dann hastig Rotwein, bevor er Florio begrüßt und über Begebenheiten aus dessen Leben spricht. Florio hat den Fremden noch nie gesehen und ist von diesem Verhalten zuerst völlig irritiert. Er schiebt seine Verunsicherung aber beiseite, als er bemerkt, dass der andere ihn und seine Vergangenheit gut beschreibt, er ihn also wohl kennen muss. Florio ignoriert hier die Realität, die besagt, dass Donati ihn gar nicht kennen kann, er vertraut ihm und den Autoritäten, die er vertritt, auch weil ihm das, was über ihn gesagt wird, schmeichelt.

Das Erscheinen Donatis

Die Gesellschaft drängt nun zum Aufbruch. Das liebliche Mädchen hat offenbar große Furcht vor Donati, der ihr aufs Pferd helfen will, was sie aber nicht zulässt und sich stattdessen Florio zuwendet. Auch Donati, Fortunato und Florio machen sich auf dem Rücken ihrer Pferde auf den Weg in die nahe gelegene Stadt. Vor dem Stadttor kommt es dann zu einem Zwischenfall: Donatis Pferd scheut, steigt auf und verweigert den Ritt durch das Stadttor. Donati gerät dadurch völlig aus dem Konzept und reagiert mit verzerrter Mimik und Fluchen – kein Wunder, heißt es doch im Volksaberglauben, der Reiter eines Pferdes, das vor einem Tor scheut, habe Schuld auf sich geladen. Donati hat seine Gefühle aber sofort wieder im Griff, verabschiedet sich von seinen Begleitern und verschwindet in der Dunkelheit. Fortunato ist darüber recht froh und lässt seinem Unmut über den Ritter freien Lauf. Er bezeichnet ihn zur großen Verwunderung Florios als einen „Mondscheinjäger", „Schmachthahn" und „Renommisten in der Melancholie" (13.26 f.) – alles Schimpfwörter, die Florio nicht gewöhnt ist, aus seinem Mund zu hören, und die er aufgrund seiner Jugend und fehlenden Lebenserfahrung nicht mit Donati in Verbindung bringt.

Der Sirenentraum

Florio und Fortunato sind inzwischen in ihrer Herberge angekommen und zu Bett gegangen. Florio schläft unruhig, hat einen Alptraum, in dem Sirenen vorkommen, die wie das liebliche Mädchen aussehen, und der mit dem Untergang seines Schiffes endet. Sirenen sind Dämonen der griechischen Mythologie mit Vogelleib und Frauenkopf, die durch ihre Gesänge die Seefahrer betören, um sie zu töten. Florio hält es drinnen nicht mehr aus. Er nimmt die Gitarre Fortunatos und geht nach draußen in die dunkle Nacht der Weinberge. Er singt dabei ein Lied über die Liebe zu einem unbekannten Mädchen, das ganz als Volkslied gestaltet ist (vgl. dazu die vorliegende Lektürehilfe S. 58 f.). Am Ende weiß Florio aber nur, dass er mit seinem Lied nicht die Federballspielerin meint – auf welche Frau sich sein Lied bezieht, ist ihm jedoch selbst nicht klar.

Florio entdeckt das Marmorbild am Weiher

Weiter umherwandelnd kommt Florio dann zu einem von hohen Bäumen umgebenen Weiher. Im Mondschein sieht er das marmorne Standbild der Venus, das ihm ziemlich lebensecht vorkommt. Florio ist von diesem

Anblick der sich im Wasser spiegelnden Statue so beeindruckt, dass er in ihr eine lang gesuchte Liebe zu erkennen glaubt. Er weist dem Marmorbild menschliche Eigenschaften und Gefühle zu und versinkt dabei mit geschlossenen Augen ganz in seinen eigenen Phantasien. Wieder auftauchend aus diesem Wachtraum erkennt er seinen Irrtum anhand der völlig veränderten Situation. Mond und Wind sorgen für eine ganz andersartige Stimmung, als sie zuvor herrschte, das Venusbild steht nun auch bei Florio nicht mehr für Liebe, sondern aufgrund seiner Starre und „den steinernen Augenhöhlen" (16.23) für Untergang und Tod. Fluchtartig macht sich der total verschreckte Florio auf den Weg zurück in die Herberge, wo er noch geraume Zeit wach liegt und seinen Gedanken nachhängt, bevor er wieder einschläft.

Zweiter Abschnitt (17–24)

KURZINFO

Steigende Handlung: Florio trifft auf Venus

- Fortunato spottet über Florios romantische Ader.
- Florio nimmt selbst ein unbestimmtes erotisches Verlangen wahr.
- Florio gelangt in den parkähnlichen Garten und trifft auf Venus, die sich ihm aber bald entzieht.
- Er wünscht sich ein weiteres Treffen mit der schönen „Herrin des Gartens" (23.1), das Donati vermitteln soll.

Fortunato macht sich über Florios Verliebtheit lustig

Am nächsten Tag beim Frühstück lobt Fortunato den Morgen und macht sich dabei über Florios Verliebtheit, von der er möglicherweise durch den Diener weiß, lustig. Er fordert ihn auf, sich in eine romantische Stimmung zu versetzen und Sätze zu sagen wie z. B. „O schöne, holde Seele, o Mondschein, du Blütenstaub zärtlicher Herzen usw." (17.24 f.). Damit macht er den Unterschied zwischen der rationalen Klarheit des Tages und der Gefühlsseligkeit der Nacht deutlich. Florio fühlt sich durchschaut und bloßgestellt und erzählt nichts von seinen nächtlichen Erlebnissen, sondern verteidigt nur ganz allgemein romantische Gefühle. Da ist Fortunato klar: „Nun wahrhaftig, Ihr seid recht ordentlich verliebt!" (18.8 f.). Er rät ihm, Abstand zu halten von „Melancholie", „Mondschein" und dem ganzen „Plunder" (18.19), wenn er nicht unglücklich werden wolle.

Florio hört das zwar alles, aber seine nächtlichen Erlebnisse haben ein unbestimmtes Verlangen in ihm hervorgerufen, so dass er sich auf den Weg macht, den Weiher wieder aufzusuchen, an dem er am Vortag von der Marmorstatue überwältigt war. Dort kann er selbst den Unterschied von Tag und Nacht fühlen: Während nachts alles ruhig war und eine besondere Stimmung herrschte, sind jetzt viele Menschen unterwegs, es herrscht geschäftiges Treiben, Kinder spielen, so dass von der magischen Stimmung der Nacht nichts mehr übrig ist. Florio wundert sich, wie ihn des Nachts solche Furcht befallen konnte. So in Gedanken, kommt Florio vom „rechten Weg" (19.22) ab, eine Wendung Eichendorffs, die man durchaus wörtlich nehmen darf. Nachdem er lange umhergeirrt ist, gelangt er schließlich zu einem Eisentor mit „zierlich vergoldeten Stäben" (19.32), das er durchquert und in einen Garten gelangt.

Florio entdeckt den Lustgarten der Venus

Dieser Lustgarten, ein parkähnlicher Ziergarten, der so gar nicht in die bisher beschriebene Realität passt, liegt im Schatten von hohen „Buchenhallen" (20.1), d.h. eines Buchenwaldes; in ihm fliegen „goldene Vögel" umher, es wachsen „große seltsame Blumen", und schließlich findet sich auch ein prächtiger Palast dort (vgl. 20.3 f.) – alles in allem eine recht unwirkliche Situation, was auch von Florio so wahrgenommen wird, zumindest noch am Beginn seines Spaziergangs. Beim Gang durch diesen Garten hört Florio dann den Klang einer Laute und sieht eine Dame, die lautenspielend auf ihn zukommt. Die Beschreibung dieser Dame bleibt oberflächlich auf einige Attribute reduziert: sie ist schön, schlank und groß, sie trägt langes goldenes Haar, das in den Rücken hinab reicht, und hat blendend weiße Achseln. Florio erkennt in ihr die Züge des Venusbildes von seinem nächtlichen Spaziergang zum Weiher wieder. Die Fremde singt zu ihrem Lautenspiel ein Frühlingslied, das in der Form des Sonetts, der am weitesten verbreiteten, aus dem Italienischen stammenden vierzehnzeiligen Gedichtform mit strengem Aufbau, verfasst ist (vgl. 23.6–19). Singend geht die Dame zum nahe gelegenen Palast. Florio, der ihr in Gedanken versunken folgt, kommt zu einem verfallenen Gebäude, vor dem im hohen Gras der schlafende Donati liegt. Schauer überkommt

Florio, da Donati im Schlaf wie ein Toter aussieht. Florio rüttelt ihn wach, wobei Donatis stierer, wilder Blick ihn von neuem erschreckt. Florio – noch ganz aufgeregt wegen der schönen Dame – erkundigt sich sofort nach dieser und erfährt dabei, dass sie eine entfernte Verwandte von Donati ist, „reich und gewaltig" mit einem „Besitztum [...] weit im Lande verbreitet" (22.20 f.).

Florio wünscht sich ein weiteres Treffen mit Venus

Auf Florios Bitte hin, die reiche Dame sehen zu können, reagiert Donati verhalten: Er stellt in Aussicht, dass sie sich freuen würde, Florio zu sehen, dass es aber erst später möglich sei, weil sie gerade keine Zeit habe – ebenso wie Donati selbst. Er hält es aber für wahrscheinlich, schon am kommenden Tag Florio abzuholen und zu der reichen Dame zu bringen. Florio ist sichtlich erregt, wie ein „Trunkener" eilt er in die Stadt zurück – der Gedanke an den nächsten Morgen lässt ihn nicht los. Auf dem Weg zu seiner Herberge bemerkt er zwei weibliche Gestalten und glaubt zu hören, dass sie seinen Namen nennen. Genaueres in Erfahrung zu bringen ist ihm aber nicht möglich. Vielleicht hat sich Florio die Namensnennung aber auch nur eingebildet, neigt er doch in seiner angespannten Situation und in seiner jugendlichen Unreife dazu, alles um ihn herum auf sich selbst zu beziehen.

Donati stellt ein Treffen mit der schönen Dame in Aussicht

Dritter Abschnitt (24–34)

KURZINFO

Vorbereitung des Höhepunktes: Beim Maskenball

- Donati lädt Florio zur Jagd ein, was dieser jedoch ablehnt, da es Sonntag ist.
- Fortunato lädt Florio zum Maskenball ein.
- Florio sieht die Frau seiner Sehnsucht plötzlich doppelt: Welche ist Bianka, welche ist Venus?
- Florio ist besessen vom Gedanken, Venus wiederzusehen.
- Er zieht sich von Bianka zurück, worüber diese sehr enttäuscht ist.

Am nächsten Morgen sucht Donati Florio auf, der in seinen Gefühlen hin- und hergerissen ist. Zwar wirkt Donati „ungewöhnlich verstört, hastig und beinah wild" (24.16), doch denkt Florio an die schöne Frau, zu der er ihn bringen will. Der Erzähler drückt Florios Empfinden dann auch zwiespältig aus: „Florio erschrak ordentlich vor Freude“ (24.17). Als Florio nach der schönen Dame fragt, winkt Donati mit dem Hinweis, dass es Sonntag sei, ab, lädt Florio aber zur Jagd ein, was diesen wiederum verwundert. Er bezeichnet den Sonntag als „heiligen Tage“ (24.24), was Donati aber nur dazu bringt, sich über die kirchlichen Gebräuche lustig zu machen, die Florio hochhält. Als er die Kirchenglocken läuten hört, verlässt Donati – ohne Florio – fluchtartig das Haus.

Donatis Einladung zur Jagd

Die Stimmung Florios bessert sich, als er Fortunato kommen hört, den er einen „Bote[n] des Friedens“ (25.15) nennt. Dieser bringt eine Einladung für den folgenden Abend zu einer Gesellschaft in einem Landhaus außerhalb der Stadt und das Versprechen: „Ihr werdet dort eine alte Bekannte treffen!“ (25.18 f.). Florio erfährt auf seine Nachfrage nicht, wen Fortunato meint, hofft aber auf die schöne Dame. Florio streift dann durch die Stadt; in der Kirche ein Gebet zu sprechen ist ihm aufgrund seiner inneren Unruhe nicht möglich und das Haus, das am Vortag nächtens noch voll Leben war, wirkt auf ihn jetzt tagsüber völlig unbewohnt. Florio streift weiter umher, um irgendwo auf die schöne Dame zu stoßen oder wenigstens etwas über sie zu erfahren, doch er kann bei Tag weder den Palast noch den Garten finden, auch Donati bleibt verschwunden.

Fortunatos Einladung zum Maskenball

Später kommen sie dann bei der abendlichen Gesellschaft an, die Pietro gibt und zu der Fortunato und Florio eingeladen sind. Bald gesellt sich ein zierliches Mädchen zu Florio, das in ein griechisches Gewand gekleidet ist. Das Mädchen überreicht Florio eine Rose und verschwindet wieder in der Menge. Florio findet die „Griechin“ und fordert sie zum Tanzen auf. Sie gibt ihm einen Hinweis darauf, mit wem er es zu tun hat, indem sie sagt: „Du kennst mich“ (27.36). Sie tanzen zusammen und küssen einander flüchtig, bis Florio abgelenkt wird: Er sieht die gleiche Gestalt, ebenfalls eine junge Griechin, am anderen Ende des Raumes „noch einmal“ (28.5).

Eine junge „Griechin“ überreicht Florio eine Rose

Als der Tanz zu Ende ist und die Gesellschaft nach draußen geht, streift Florio durch den Garten und war eben „ein wenig von der Gesellschaft abgekommen“ (28.26), als er eine Frau singen hört. Allein, im Mondlicht, sieht

Florio trifft auf die zweite „Griechin“

er dort die Frau, die als Griechin verkleidet ist. Ihr Auftreten in der Einsamkeit der Nacht und ihre Beschreibung („blendendweißer Nacken“, 29.13 f.) lassen auf Venus schließen. Als sie Florio hört, erschrickt sie und kehrt zur Gesellschaft zurück, wo die beiden später noch einmal aufeinander treffen. Hierbei gibt sich die Dame als die Sängerin zu erkennen („Ihr habt mich in meinem Gesange belauscht“, 30.24). Als Florio sie nach ihrem Namen fragt, verweigert sie sich und rät in bildhafter Sprache zum Genuss des Augenblicks: „[…] nehmet die Blumen des Lebens fröhlich, wie sie der Augenblick gibt, und forscht nicht nach den Wurzeln im Grunde, denn unten ist es freudlos und still.“ (31.3 ff.) Anschließend lädt die schöne Dame Florio zu sich in ihr Haus ein. Doch statt sich über diese Entwicklung zu freuen, die er ja eigentlich herbeigesehnt hat, erschrickt Florio, als die Dame den Schleier lüftet und er ihr Gesicht erkennen kann, das ihm „bleich und reglos“ vorkommt, „wie damals das Marmorbild am Weiher“ (31.28). Mit „einem heimlichen Grauen“ (31.33) sieht Florio die Dame sich in Gegenwart ihrer Diener auf einem weißen Pferd entfernen.

Florio ist von Venus zugleich angezogen und abgestoßen

Fortunato hat Florio schon gesucht und kommt ihm nun singend entgegen. Er bringt ihn zurück zu den letzten Gästen, die noch auf dem Maskenball verweilen – darunter das liebliche Mädchen, das er schon am ersten Abend kennengelernt hat und dessen Namen – Bianka – er nun erfährt. Bianka zeigt sich ganz schüchtern, gibt aber Florio den Hinweis, er hätte sie an diesem Abend schon öfter gesehen. Florio ist von seinen Gefühlen hin- und hergerissen. Er reitet allein zur Herberge zurück, wirft sich aufs Bett, findet aber keine Ruhe. Bianka bleibt allein auf der Terrasse zurück und hängt ihren Gedanken nach. Hatte sie nach der ersten Begegnung mit Florio gedacht, ihrem künftigen Ehemann begegnet zu sein, so kann sie jetzt nicht mehr an ein glückliches Ende glauben, da ihr Florio kalt und abweisend erscheint.

Florio ist in seinen Gefühlen zutiefst verunsichert

Vierter Abschnitt (35–43)

KURZINFO

Höhepunkt und Wendepunkt: Florio findet wieder zu sich selbst

- Florio verbringt den Nachmittag in Donatis Garten und sieht die schöne Dame von der Jagd heimkehren.
- Donati bringt Florio zum marmornen Palast der schönen Dame, wo ihn eine unglaubliche Pracht erwartet, die ihn an einen antiken Tempel erinnert.
- Abends führt die schöne Dame Florio in ihre Gemächer und beginnt ihn zu verführen.
- Die Situation wird unterbrochen, als Florio draußen ein Lied singen hört, das er aus seiner Kindheit zu kennen glaubt. Dadurch wird Florio bewusst, dass alles, was sich mit ihm ereignet, falsch ist.
- Er ruft in einem kurzen Gebet Gott um Hilfe an, flüchtet aus dem Palast und zieht sich in sein Zimmer in der Herberge zurück, wo er seinen Gedanken an Selbstmord nachhängt.

Florio im Venusgarten

Einige Tage später befindet sich Florio bei Donati in dessen Landhaus. Er ist guter Dinge und denkt immerzu an die schöne Dame. Da ertönen Waldhörner und kündigen die Rückkehr der Jagdgesellschaft an, die von der schönen Dame angeführt wird. Donati schlägt vor, diese zu besuchen, wozu Florio nur zu gerne bereit ist. Am Palast angekommen erkennt Florio die ganze Pracht: hohe Säulen, die „wie jugendliche Gedanken" (36.11) hochstreben, künstliche Verzierungen, marmorne Götterbilder und dazu ein Garten voll blühender Pflanzen und Springbrunnen mit Götterbildern und Darstellungen von Geschichten aus einer „lange versunkenen Welt" (36.13 f.) – einem antiken, heidnischen Tempel ähnlich. Florio wundert sich, dass er den Garten bislang nicht wiederfinden konnte.

Die Verführungsszene im Schloss der Venus wird durch Fortunatos Gesang gestört

Die schöne Dame empfängt Florio und Donati auf den Stufen des Palastes, ihr Jagdgewand hat sie abgelegt und trägt nun auf einem Ruhebett liegend ein himmelblaues Gewand und ist mit Rosen geschmückt. Als es Nacht wird, führt sie Florio ins Innere des Schlosses, das „fast wie ein heidnischer Tempel" (36.10) wirkt. Bald ist er mit ihr „allein in einem der prächtigsten Gemächer des Schlosses" (37.35 f.). Es folgt eine Verführungsszene: Die schöne Dame beginnt sich zu enthüllen; die Reaktion Florios ist pures Begehren; er betrachtet sie „mit flammenden Augen" (38.6). Doch am Höhepunkt der Szene erfolgt ein Stimmungsumschwung: Florio hört plötzlich aus dem Garten hereindringend ein „altes frommes Lied“ (38.8), das Fortunato singt: Dieses erinnert ihn an seine Kindheit und wohl auch an die Werte, die ihm damals vermittelt wurden.

Florio erinnert sich an seine Kindheit

Auf den Sänger angesprochen reagiert die Dame verwirrt, und nichts ist mehr, wie es vorher war. Florio, der sich nun im Zimmer umsieht, erkennt, dass alles nur schöner Schein ist, Lug und Trug: Die Verzierungen werden als „wunderlich“ bezeichnet (vgl. 38.15 f.), die Kerzen erleuchten den Raum nur „matt“, sie stecken in den „ungeheuren“ Armen der Kerzenleuchter, es ist die Rede von „hohen, ausländischen Blumen“, die in „künstlichen“ Krügen „umherstanden“. Im Zusammenhang mit dem Duft wird dann das Adjektiv „berauschend“ gewählt.

Florio erinnert sich an „schwüle[n] Nachmittage[n]“ (39.9) in dem „einsamen Lusthause [des elterlichen] Gartens“ (39.10) schon ähnliche Darstellungen der Dame gesehen zu haben. Auch sein Vater hatte – wie ihm nun wieder einfällt – Erinnerungen an „jugendliche[n] Heeresfahrten“ (39.17), die ähnlichen Inhalts waren. Die schöne Dame antwortet darauf resigniert: „[…] ein jeder glaubt mich schon einmal gesehen zu haben, denn mein Bild dämmert und blüht wohl in allen Jugendträumen mit herauf.“ (39.28 ff.) Florio entzieht sich der Dame und ihren Liebkosungen, gibt sich dem Erleben der Natur hin: Er blickt durch das offene Fenster nach draußen, verlässt damit quasi die Enge des Raumes, hört die Bäume rauschen und die Nachtigall singen. Es ist die Rede von einem „stillen Garten“, über den „Gesang“ hinwegzieht. Er sieht Blitze in der Ferne, die so gar nicht zur Wetterlage zu passen scheinen und eher als Andeutung auf kommendes Ungemach zu verstehen sind. Die Gewalt der Töne erreicht seine Seele: Er fühlt sich in der antik anmutenden Umgebung fremd und bemerkt, wie falsch das alles ist, was gerade um ihn herum und mit ihm geschieht („er kam sich auf einmal hier so fremde und wie aus sich selber verirrt vor“, 40.3 f.).

Florio findet zu sich selbst zurück

In dieser Situation, die Florio für sich als existenzielle Ausnahmesituation erkennt und die in der Novelle ei-

Florio rettet sich selbst mithilfe eines Gebetes

nen Wendepunkt der Handlung bedeutet, schickt er ein Stoßgebet zum Himmel: „Herr Gott, lass mich nicht verloren gehen in der Welt!“ (40.7 f.) Unmittelbar danach verändert sich seine Umwelt deutlich; „trüber Wind“ (40.9) kommt auf, ein Gewitter zieht heran, der Palast verwandelt sich in das alte Gemäuer zurück, das er ist („Zu gleicher Zeit bemerkte er an dem Fenstergesimse Gras und einzelne Büschel von Kräutern wie auf altem Gemäuer“, 40.11 ff.). Eine grünlichgolden gefärbte Schlange (vgl. 40.14) ringelt sich „in den Abgrund hinunter“.

Während sich das Untergangsszenario fortsetzt, verwandelt sich die schöne Dame vorübergehend zurück in das marmorne Bild, „starr mit geschlossenen Augen und ganz weißem Antlitz und Armen“ (40.28 f.). Florio selbst fühlt sich an Leib und Leben bedroht und zieht seinen Degen, die schöne Frau genau beobachtend. Als er erkennt, dass auch ihr Verfall fortschreitet, „erfasste ihn ein tödliches Grauen“ (41.10 f.), und er flieht ins Freie. Dort nimmt er wie nebenbei Fortunato auf einem Kahn stehend im See wahr, kümmert sich aber nicht darum.

Florio flieht aus dem Palast

Als Florio dann die Stadt Lucca erreicht, ist wieder Normalität eingetreten:

> „Die Stadt ruhte, hell vom Monde beschienen, vor ihm. Fernab am Horizonte verhallte nur leise ein leichtes Gewitter, es war eine prächtige klare Sommernacht.“ (42.33–36).

Todessehnsucht Florios

Als er Donati wegen der Vorkommnisse zur Rede stellen will, ist dieser dort, wo er angeblich lebt, nicht auffindbar, zudem haben sich auch hier die Natur und die Bauwerke verändert: Überall ist nur Verfall sichtbar. Der Gärtner, auf den Florio trifft, singt ihm ein Lied, das die Vorgänge kommentiert und den Gegensatz von Tag und Nacht bzw. „Trug und Zaubermacht“ (42.16) und dem Lob Gottes hervorhebt. Die Erinnerung an den Verfall der schönen Dame, der sich vor seine Augen vollzogen hat, macht Florio wehmütig, sogar Todessehnsucht steigt in ihm auf. Einen Tag und eine Nacht verharrt er in diesem Zustand.

Fünfter Abschnitt (43–49)

KURZINFO

Das Happy End: Aufbruch Florios in einen neuen Lebensabschnitt

- Florio hat die Absicht, Lucca zu verlassen.
- Auf dem Weg aus der Stadt trifft er auf Pietro, Fortunato und Bianka.
- Fortunato erklärt in einem Lied die Vorgänge und holt damit Florio vollends in die Realität zurück.
- Florio lässt den Zauber der Venus endgültig hinter sich und lobt Gott.
- Er „erkennt" Bianka, die für immer seine Frau werden wird.

Florios Abreise aus Lucca

Am nächsten Tag macht sich Florio zusammen mit seinem Diener auf den Weg, der ihn von Lucca wegführen soll. Kurz hinter der Stadtgrenze treffen die beiden auf eine andere Gruppe, bestehend aus drei Reitern, Fortunato, Pietro und einem vermeintlichen Knaben, von dem sich später herausstellt, dass es sich um Bianka handelt. Die drei freuen sich Florio zu sehen und laden ihn ein, mit ihnen durch Italien zu ziehen. Florio bleibt aber in sich gekehrt und legt sich nicht fest.

Bald kommen sie an einer Stelle vorbei, von der aus man den verfallenen Palast der Dame, der bei Tageslicht eine Ruine ist, sehen kann. Pietro fragt Fortunato, ob er wisse, was es mit dieser Ruine auf sich habe, er kenne nämlich „wunderliche Gerüchte" (43.32), die man sich davon erzähle, wisse aber nicht, ob daran etwas Wahres sei. Fortunato antwortet ihm mit einem Lied, in dem er das Reich der antiken Göttin Venus dem der himmlischen Mutter Maria gegenüberstellt. In diesem Lied wird auch Venus mehrfach mit dem Frühling in Verbindung gebracht, dem Monat, in dem sie aus der Unterwelt emporkommt, bis sie selbst am Ende wieder zu Stein wird (vgl. 45.30).

Fortunato erklärt Florio die Zusammenhänge

Auf Nachfrage Pietros führt Fortunato aus, dass es sich bei der Ruine um einen alten Venustempel handelt. Er erzählt auch die Sage von Venus, die jeden Frühling wiederkehrt und „die alte Verführung" (46.27) an „jungen sorglosen Gemütern" übt. Im weiteren Gespräch erklärt Fortunato Florio, dass er „erst vorgestern abends" (47.7 f.) bei dieser Ruine gewesen sei und ein geistliches Lied gesungen habe – eine Bestätigung für Florio, dieses tatsächlich gehört und sich nicht getäuscht zu haben.

Florio, der sich nach der Äußerung Fortunatos „an allen Gliedern“ (47.24) schüttelt, scheint zu neuem Leben zu erwachen und singt ein Lied, in dem er erklärt, dass er „nun“ (47.30) frei von den Anfechtungen der Venus ist und hofft, dass er in Gottes Gnade steht.

Das Happy End: Florio „erkennt“ Bianka

Als dann seine Mitreiter nachkommen, erkennt er plötzlich in dem „Knaben“ Bianka, die aber bleicher ist als am Tag ihrer ersten Begegnung. Der Erzähler gibt für den Zustand Biankas eine Erklärung. Sie war noch ein Kind, als sie Florio getroffen hat, wurde dabei von „der ersten Liebe überrascht“ (48.15). Florio, ihr Geliebter, folgte aber „dunkeln Mächten“ (48.16) und wurde ihr dabei mehr und mehr fremd. Von Pietro beschützt, wurde sie mit männlicher Kleidung ausgestattet. Florio und Bianka nähern sich einander wieder an, wobei das Mädchen sein Glück kaum fassen kann und hofft, nicht noch einmal verlassen zu werden. Florio bekennt dann auf einer Anhöhe über der Stadt, wo sie Rast machen, dass er hofft und glaubt, dass alles gut wird und er Bianka nie wieder verlassen wird. Bei Anbruch des Morgens ziehen die beiden dann „in das blühende Mailand“ (49.18) hinunter.

Gang der Handlung

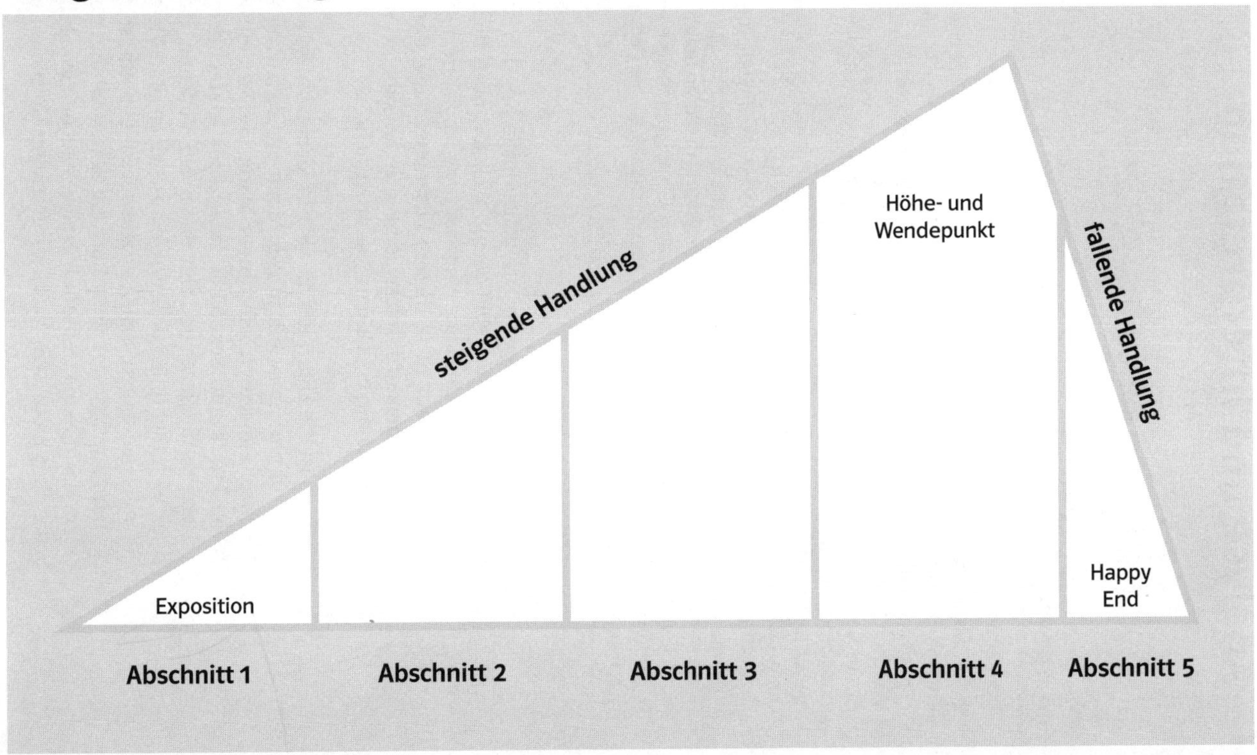

2 Analyse und Interpretation

Die Personen

Florio

KURZINFO

Der Reifeprozess eines jungen Mannes

- Florio, ein unerfahrener junger Mann, geht auf die Reise und trifft dabei auf Unterstützer und Verführer.
- Er macht Bekanntschaft mit dem christlichen Dichter Fortunato, dem Mädchen Bianka und Ritter Donati, einem Helfer der Venus.
- Florios Begehren nach Sexualität und Verführung nimmt, nachdem er die marmorne Venusstatue bemerkt hat, immer mehr zu.
- Bianka und die christlichen Werte, die sie vertritt, geraten in den Hintergrund, Venus und ihre Verführungskraft nehmen Florio in ihren Bann.
- Kurz vor dem Höhepunkt der Verführung durch heidnische Mächte holt die Erinnerung an die christlich geprägte Kindheit ihn in die Realität zurück.
- Florio kann mit dieser Wendung nur schwer umgehen und denkt an Selbstmord. Erst durch ein Gebet und die durch Fortunatos Gesang beschworene Erinnerung an die Gottesmutter Maria gelingt es ihm, Bianka als die Person zu erkennen, die er wahrhaft liebt.

Florio – ein sprechender Name

Florio, die Hauptperson in Eichendorffs Novelle, ist ein junger Mann, der seine eigene Identität noch nicht gefunden hat. Sein Name leitet sich von lat. *florere* ‚blühen' ab. Interessant ist in diesem Zusammenhang, dass der junge Eichendorff selbst seine ersten Gedichte unter dem Pseudonym „Florens" veröffentlicht hat.

Florios Werdegang

Florio ist die Figur, um die sich in Eichendorffs Novelle alles dreht. Er ist ein junger Mann auf dem Weg zum Erwachsenwerden, ein junger Mann, der in den Bann von Erotik und Sexualität gerät, aber letztendlich die Liebe kennenlernt und mit dieser ein Mädchen, das er festhalten will. Bis dorthin gibt es jedoch eine Vielzahl an Versuchungen, denen es zu widerstehen gilt, so dass Florio am Ende der Erzählung ein Reifestadium erlangt hat, das ihm die Heirat mit einem Mädchen ermöglicht, das ihm mehr sein kann als erotische Gespielin: eine Frau für den Rest seines Lebens.

Florio ist der Sohn aus reichem Haus. Er unternimmt eine Kavalierstour (Bildungsreise) nach Italien, wie sie seit dem 18. Jahrhundert üblich war. Sein Ziel ist die toskanische Stadt Lucca. Auf dem Weg dahin trifft er auf einen ihm unbekannten Sänger. Dieser Sänger, Fortunato (von ital. *fortunato* ‚glücklich' bzw. lat. *fortunatus* ‚beglückt', ‚glücklich', ‚gesegnet', auch: ‚begütert', ‚wohlhabend', ‚reich'), trägt Züge des mittelalterlichen Minnesängers; durch seine Kleidung rückt er aber auch in die Nähe eines Vertreters der Renaissance. Fortunato scheint recht bekannt zu sein: Die Menschen jubeln ihm bei seiner Ankunft in Lucca zu und suchen seine Nähe. Fortunato spricht Florio an, fragt nach seinen Vorhaben. Florio, der davon träumt, Sänger zu sein, traut sich aber kaum, das einzugestehen. Fortunato erkennt jedoch den Sänger in ihm und nimmt diesen Berufswunsch ernst. Er begleitet Florio auf seinem weiteren Weg. Gemeinsam reiten sie nach Lucca, wo sie am Rande der Stadt an einem Festplatz ankommen und sich unter das feiernde Volk mischen.

Bekanntschaft mit Fortunato

Florio begegnet auf diesem Fest einem jungen Mädchen, einer Federballspielerin, deren Federball ihm vor die Füße fällt und den er aufhebt und ihr übergibt. Das junge Mädchen, sie heißt Bianka, was der Leser aber erst später erfährt, ist fasziniert von Florio und verliebt sich in ihn. Abends, als bei einer Tischgesellschaft jeder Mann einen Trinkspruch auf seine Liebste ausbringen soll, dichtet Florio ein paar Zeilen, die an Bianka gerichtet sind, und küsst sie auf die Lippen. Ihre Reaktion zeigt, dass sie das mag. So weit, so gut. In manchem Roman oder in mancher Erzählung hätte an dieser Stelle der Held seine Liebe gefunden und das Abenteuer wäre beendet.

Florios erste Begegnung mit Bianka

Nicht so im *Marmorbild*. Es geht Eichendorff nicht um solche Äußerlichkeiten. Florio muss erst wirklich bereit sein für die große, die eine Liebe, und das ist er jetzt eben noch nicht. Deshalb ist es Florios Aufgabe, sich in der Welt zu bewähren und zu erkennen, worauf es wirklich ankommt. Letztlich geht es darum, dass Florio reif wird für die Liebe, dass er zum Mann heranreift, der das, was Bianka ihm sein kann, auch wirklich zu schätzen weiß. Das alles soll – so Eichendorff – unter christlichen Vorzeichen geschehen.

Florio im Bann des Marmorbildes

Für Florio beginnt nun die Zeit der Bewährung. Zwar ist er von Bianka angetan, doch alleine des Nachts an einem Weiher sieht er eine marmorne Statue, die sich in seinen Gedanken belebt und die eine ihm bislang unbekannte erotische Ausstrahlung hat. Danach träumt er dann von diesem Marmorbild. Er träumt aber auch von Sirenengesängen und dem Untergang seines Schiffes. Damit ist die Botschaft des Traumes klar: Erotische Verführung, Sexualität ohne christliche Liebe führt in den Untergang. Florios sexuelles Interesse ist geweckt, er hofft nun auf die erotische Begegnung mit einer verführerischen Frau – so wie der Traum es ihm vorhergesagt hat, den Florio für sich aber nicht richtig interpretiert. Deshalb versucht er nun, die schöne Dame und den Garten, in dem die Begegnung im Traum stattgefunden hat, auch in der realen Welt zu finden. Dies gelingt ihm aber nur nachts, nachdem er sich aus seinem Zimmer geschlichen hat.

Die zwei Gesichter der Statue

Am Weiher im Park stößt er auf eine marmorne Statue, die sich belebt und ihm wie „eine lang gesuchte, nun plötzlich erkannte Geliebte“ (16.10 f.) erscheint. Dabei versinkt Florio ganz in seinen Gedanken und hält die „Augen lange geschlossen vor Blendung, Wehmut und Entzücken“ (16.17 f.). Erst als er die Augen wieder öffnet und die Realität wahrnimmt, erkennt er, wie „fürchterlich weiß“ die Figur ist, und ein „nie gefühltes Grausen“ (16.24) überkommt ihn, so dass er nach Hause eilt und – nach geraumer Zeit – wieder einschläft.

Dass Florio stark religiös geprägt ist, zeigt sich auch darin, dass er Ritter Donatis Einladung zur Jagd ablehnt. Am Sonntag zu jagen ist kirchenrechtlich verboten, und so ist Florio fast entsetzt über diese Einladung, die ihm gotteslästerlich erscheint. Anders verhält er sich dann in der Parallelszene, als Fortunato Florio für den folgenden Tag zu einem Maskenball einlädt. Hier sagt er zu. Auf dem Maskenball ist Florio in Gedanken nur bei der schönen Dame. Sein Interesse an Bianka tritt in den Hintergrund. Als er dann zwei gleich gewandete Frauen sieht, weiß er gar nicht mehr, was er denken soll. Dabei hat die eine – Bianka – ihm eine Rose überreicht. Doch Florio erkennt Bianka nicht, er erkennt auch die Rose nicht als Symbol für wahre Liebe. Als er dann auch die zweite Griechin erblickt, ist er völlig verwirrt, was zeigt, dass sein Begehren nicht auf ein bestimmtes Individuum zielt. Deshalb folgt er auch dieser zweiten Griechin in den Park, da sie ihm anziehender, erotischer und verführerischer erscheint. Dort erkennt er, dass es sich bei ihr um die schöne Dame handelt. Bianka hat er inzwischen längst vergessen, auch die unschuldige, reine Liebe zu ihr. Zu groß ist der Reiz, mit Venus ein sexuelles Abenteuer zu erleben.

Bianka und Venus – für wen soll sich Florio entscheiden?

Einige Tage später begegnet Florio der schönen Dame beim Fest im Venusgarten wieder. Sie nimmt ihn mit in ihren marmornen Palast und beginnt, ihn zu verführen. Florio ist überwältigt von ihrer sexuellen Ausstrahlung und im Begriff, sich selbst ganz zu vergessen und alle seine Prinzipien über Bord zu werfen. Da nimmt er plötzlich von außerhalb des Palastes wahr, dass Fortunato ein altes Lied singt, das er aus seinen Jugendtagen kennt. Dieses Lied, das Florio an seine christlichen Wurzeln erinnert, erschüttert ihn so sehr, dass er selbst bemerkt, dass er sein Leben nicht so führt, wie er es führen sollte. Er schickt daraufhin ein Stoßgebet in den Himmel: „Herr Gott, lass mich nicht verloren gehen in der Welt!“ (40.7 f.) Sofort lässt Florio von der schönen Dame ab, deren Verführungsversuche damit ins Leere zielen. Florio ist nämlich unter dem Eindruck des Liedes seine Situation bewusst geworden: Er erkennt, dass es in einem sinnvollen, gottgefälligen Leben nicht um oberflächliche Sexualität geht, sondern dass Liebe viel mehr ist, ein viel tieferes Gefühl, das rückgebunden sein muss an ein Wertesystem, an das die Liebenden glauben.

Verführungsversuch durch die Venus – und dessen Ende

Fortunatos „altes, frommes Lied“ (38.8) hat Florio in die Realität zurückgeholt. Die ihn umgebende Natur und alles das, was vom Menschen gemacht ist, verliert seinen Reiz: Es zerfällt durch ein einsetzendes Gewitter, die Statue verliert an Leben, die schöne Dame verfällt in Todesstarre – Venus hat ihre Macht verloren. Florio empfindet selbst ein „tödliches Grauen“ (41.11), auch

Die Rolle des christlichen Sängers Fortunato

angesichts dessen, dass statt Donatis Landhaus plötzlich nur noch ein Gärtnerhäuschen vorhanden ist. Die Scheinwelt ist untergegangen, die reale Welt, eine Welt, in der religiöse Werte ihren Platz haben und das Geschehen bestimmen, tritt wieder in den Vordergrund. Florio jedoch ist von Wehmut gezeichnet, Todessehnsucht prägt nun sein Dasein.

Florios Rückkehr in die christliche Sphäre

Als er dann aus Lucca abreist, begegnet er Fortunato, der zusammen mit Pietro und einem „jungen Mann“ unterwegs ist. Der junge Mann ist Bianka. Doch Florio erkennt sie noch immer nicht. Erst als Fortunato ein weiteres Lied singt, in dem das katholische Weltbild dem heidnischen und die Gottesmutter Maria der Venus gegenübergestellt sind, erkennt Florio Bianka. Damit hat er seine jugendlichen Phantasien, Wunschvorstellungen und Tag- und Nachtträume überwunden. Seine Lebensperspektive ist eine christliche, auf sie kann er sich nun stützen. Die Beziehung zu Bianka ist auf Dauer angelegt, weil sie eben nicht auf Phantasien und auf dem schönen Schein gründet, sondern einen Grund hat, der trägt: die christliche Religion.

Bianka

KURZINFO

Ein unerfahrenes Mädchen

- Bianka macht zufällig die Bekanntschaft Florios am Tag seiner Ankunft in Lucca.
- Sie wirkt jung, in Liebesdingen unerfahren und schüchtern.
- Zwischen Bianka und Florio herrscht sofort ein tiefes Einverständnis.
- Bianka ist mehrfach von Florio enttäuscht, da er sich scheinbar von ihr abwendet, zumindest aber sie nicht angemessen beachtet.
- Erst als Florio seine Lebenskrise überwunden hat, wendet er sich Bianka wieder zu und erkennt, wie viel sie ihm bedeutet.
- Bianka widerspricht Florio nicht, als er im letzten Satz von einer lebenslangen Bindung spricht.

Bedeutung des Namens „Bianka“

Bei „Bianka“ handelt es sich gleichfalls um einen sprechenden Namen (von ital. *bianco* ‚weiß‘, ‚rein‘). Das Mädchen Bianka ist noch jung, in Liebesdingen unerfahren, ein „weißes Blatt“. Dies wird schon bei der ersten Begegnung mit Florio deutlich. Bianka wird vorgestellt in einer Situation, wie sie mit anderen Mädchen Federball spielt. Sie zieht Florios Aufmerksamkeit durch „ihre zierliche, fast noch kindliche Gestalt“ (5.6f.) auf sich. Ein „volle[r], bunte[r] Blumenkranz“ (5.8f.), den sie in den Haaren trägt, mag auf Jungfräulichkeit hinweisen. Als dann der Federball die falsche Richtung nimmt und vor Florio im Gras landet, er ihn aufhebt und ihr überreicht, steht sie „fast wie erschrocken“ (5.16f.) vor ihm, „sah ihn schweigend“ (5.17) an und „verneigte [...] sich errötend“ (5.18), bevor sie wieder zu ihren Freundinnen zurückkehrt. Dieses Verhalten zeigt, dass sie im Umgang mit jungen Männern, vielleicht mit fremden Menschen überhaupt, noch wenig Erfahrung hat. Als kurze Zeit später der Sänger Fortunato die Szene betritt, beobachtet Florio Bianka wieder – offenbar hat er an ihr Gefallen gefunden.

Florio und Bianka scheinen ein Paar zu sein

So ist es wohl auch kein Zufall, dass sich Florio beim späteren Beisammensein der Festgesellschaft an einem runden Tisch in der Mitte des Zeltes „fast unwillkürlich zu der niedlichen Ballspielerin gesellt“ (6.28), die – offenbar in Florio verliebt – still und schüchtern dasitzt, aber mit „tiefen dunkelglühenden Blicke[n]“ (6.31). Als dann jeder Mann für seine Liebste einen Trinkspruch singen und ihr zutrinken soll, steht natürlich Bianka im Mittelpunkt von Florios improvisiertem Gesang. Ein erster scheuer Kuss zwischen den beiden besiegelt fürs erste ihre Zusammengehörigkeit, vielleicht auch nur ihr Interesse füreinander. Auffallend ist, dass Bianka den Kuss „willig geschehen ließ“ (7.20), selbst also passiv bleibt. Dass ringsum „argloses Lachen“ (7.22) erschallt, zeigt, dass für die anderen Anwesenden der Kuss und was damit ausgedrückt wird völlig selbstverständlich erscheint, sie also keinerlei Zweifel haben, dass die beiden ein Paar sind.

Doch so weit ist es noch nicht. Bianka kommt Florio erst wieder in den Sinn, als er liebestrunken des Nachts sein Zimmer verlässt und mit der Gitarre Fortunatos umherwandelt und dabei einer imaginären Geliebten ein Lied singt. Wen er damit meint, bleibt auch Florio selbst unklar („da er am Ende nicht wusste, wem er das Ständchen brachte. Denn die reizende Kleine mit dem Blumenkranze war es lange nicht mehr, die er eigentlich meinte“, 15.19 ff.).

Entsprechend schwierig gestaltet sich auch das nächste Treffen von Bianka und Florio. Eines Abends, bei einer Gesellschaft auf „einem Landhause vor der Stadt“ (25.17), tritt Bianka als „zierliches Mädchen […] in griechischem Gewand“ und mit einer Maske vor dem Gesicht (vgl. 26.31 ff.) an Florio heran und überreicht ihm eine Rose, die Blume der Liebe. Florio, der in anderen Liebesträumen schwelgt, erkennt Bianka nicht, auch nicht, als er mit ihr tanzt. Völlig verwirrt ist er aber, als er am anderen Ende des Raumes eine zweite junge Dame in derselben Kleidung sieht, die ihn mehr fesselt. Daraufhin verlässt Bianka ihn, ohne ein Wort zu sagen, verwirrt und enttäuscht.

Florio enttäuscht Bianka

Entsprechend verhält sich Bianka auch bei ihrer dritten Begegnung mit Florio: „Sie schien ganz verschüchtert […] und wagte es kaum zu ihm aufzublicken.“ (33.11 f.) Als Florio sie direkt auf den Abend im Landhaus anspricht und meint, er habe sie nicht gesehen, hält sie sich bedeckt, antwortet aber: „Ihr habt mich öfter gesehen“ (33.14 f.). Bianka reagiert emotional, als sie die Rose an seiner Brust bemerkt, und vermutlich bricht sie in Tränen aus, als Florio ihr eröffnet, er werde Lucca bald verlassen („Sie schien noch etwas sagen zu wollen, wandte aber plötzlich, die Worte zurückdrängend, ihr Gesicht ab in die Dunkelheit“, 34.3 ff.). Bianka bleibt allein auf der Terrasse zurück und denkt an den ersten Abend, als sie mit „einem aus neunerlei Blumen geflochtenen Kranz“ (34.24 f.) eingeschlafen war und von Florio als ihrem zukünftigen Ehemann geträumt hatte. Nun hat sie allerdings die Furcht, dass sich bei ihr nicht bewahrheiten würde, was der Volksmund sagt. Überwältigt von ihren Gefühlen zerpflückt sie den Blumenkranz und lässt nun in der Einsamkeit ihren Tränen freien Lauf.

Happy End in der Liebesgeschichte zwischen Florio und Bianka

Die vierte Begegnung zwischen Bianka und Florio stellt dann die Ordnung wieder her. Auf Zureden seines Dieners verlässt Florio schon früh am Morgen Lucca, um „diese Gegend gänzlich zu verlassen“ (43.8). Da kommen drei Reiter hinzu, nämlich Fortunato und Pietro, der „von einem Knaben begleitet“ wird (43.16 f.). Sie erkennen auf ihrem Weg ein altes verfallenes Gemäuer, das Fortunato in einem Lied als Venustempel beschreibt. Dieser letzte Blick auf den Schauplatz des Geschehens und die Aussage Fortunatos, dass er dort nichts Schreckliches gesehen habe, können Florio beruhigen, der daraufhin selbst ein Lied zum Lobpreis Gottes singt. Dadurch kommt eine „stillklare Heiterkeit“ (48.2) über seine Seele, die es ihm ermöglicht, mit den Ereignissen der Vortage abzuschließen und die Welt gleichsam mit neuen Augen zu entdecken. Folgerichtig erkennt er jetzt auch in dem vermeintlichen Knaben, der sie begleitet, Bianka wieder und ist überrascht, „wie schön sie war“ (48.30). Bianka ist überglücklich von Florios Sinneswandel, wenn er sagt: „Ich möchte niemals wieder scheiden, wenn Ihr es vergönnt.“ (49.8 f.)

Florio „erkennt“ Bianka

Begegnungen zwischen Florio und Bianka

Erste Begegnung (5–8)	Federballszene zu Beginn der Novelle → Unberührtheit, Jungfräulichkeit Biankas Beim Umtrunk mit der Festgesellschaft: Bianka ist in Florio verliebt.
Zweite Begegnung (26–28)	Bei der Gesellschaft im Landhaus vor der Stadt: Einbruch des Bedrohlichen durch den Auftritt der zweiten Griechin
Dritte Begegnung (33 f.)	Fest im Landhaus von Pietro: Bianka ist verschüchtert wegen der abweisenden Haltung Florios.
Vierte Begegnung (48 f.)	Ausritt aus Lucca nach Mailand; Bianka als Junge verkleidet; Happy End

Ritter Donati

KURZINFO

Eine zwiespältige Erscheinung

- Ritter Donati wirkt gepflegt, aber doch dämonisch.
- Sein Reden und sein Handeln passen oft nicht zusammen.
- Durch äußere Kennzeichen (z. B. der grünlichgolden schimmernde Schmuck) ist er mit der Welt der Venus verbunden.
- Er wird durch sichtbare Attribute mit dem römischen Gott für Fruchtbarkeit und Lebensgenuss, Bacchus, in Verbindung gebracht.

Donati, eine Helferfigur

Donati ist ein Helfer der Venus. Er verkörpert das Böse, das die Venus selbst nicht zeigt. Damit erfüllt er die Funktion einer Helferfigur. Helferfiguren sind Beschützer der Protagonisten oder Führer durch unbekannte Gegenden. Teilweise verfügen sie aber auch über Informationen, die der Protagonist oder die Protagonistin nicht kennt, oder verkörpern die Wesensmerkmale, die jene nicht verkörpern wollen oder können. Helferfiguren findet man in der Literatur häufiger; so sind z. B. Pylades und Arkas in Goethes Drama *Iphigenie auf Tauris* Helfer für Iphigenie bzw. für König Thoas.

Herkunft des Namens

Die Herkunft von Donatis Namen wird kontrovers gesehen. Manche Interpreten gehen davon aus, dass er eine Anspielung auf die „Donatisten" beinhaltet, die Anhänger des Bischofs Donatus von Karthago, einer christlichen Sekte in Nordafrika im 4. Jahrhundert, denen die Spaltung der Kirche vorgeworfen wurde. Die Analogie bestünde darin, dass auch Ritter Donati ein respektloser Umgang mit Glaubensdingen vorgeworfen werden kann. Andere sind der Meinung der Name leite sich ab von lat. *donatus* ‚der [von Gott] Geschenkte', wieder andere vertreten die Ansicht, Eichendorff habe den Namen einfach aus der Spukgeschichte *Die seltzahme Lucenser-Gespenst* in dem Sammelwerk *Denkwürdigkeiten der Welt* (1687) von Eberhard Werner Happel übernommen, ein Werk, das er kannte und als Vorlage benützte.

Seinen ersten Auftritt hat Donati am Abend, als Fortunato und Florio sich im Zelt auf dem Festplatz aufhalten. Zu später Stunde kommt er zur Festgesellschaft dazu. Er wird beschrieben als „ein hoher schlanker Ritter in reichem Geschmeide“ mit einem „Blick aus tiefen Augenhöhlen“, der „irre flammend“ war, „das Gesicht aber blass und wüst“ (11.10–14). Die grünlichgoldene Farbe, die ihn ebenso kennzeichnet wie die Venus und alles, was zu ihr gehört, wird hier bereits erwähnt. Die Anwesenden „dachten schaudernd an den stillen Gast“ (11.16), einen Todesboten, den Fortunato soeben in seinem Lied angedeutet hat.

Aussehen Donatis und seine Wirkung auf andere

Donatis Verhalten im Zelt erregt Aufmerksamkeit: Nach einer „flüchtigen Verbeugung“ vor den Anwesenden wendet er sich dem Buffet zu und „schlürfte hastig dunkelroten Wein mit den bleichen feinen Lippen in langen Zügen hinunter“ (11.19 f.). Hatten auch die anderen Festgäste ausgiebig gefeiert, so haben sie das Fest doch genossen. Nicht so Donati. So wie er den Wein trinkt, kann von Genuss keine Rede sein. Dies nimmt auch die Festgesellschaft wahr und fühlt sich von Donati abgestoßen. Auch Florio ist zunächst dem neuen Besucher gegenüber skeptisch, doch als dieser ihn direkt anspricht und Ereignisse aus Florios Leben zu kennen scheint, gewinnt er diesen allmählich für sich.

Donati verhält sich auffällig

Später am Abend, als Donati, Florio und Fortunato allein auf dem Festplatz unterwegs sind, bemerkt Florio, dass Fortunato negativ reagiert: „Ein seltsamer Missmut schien über seine sonst immer klaren Züge zu fliegen, er verlangte ungeduldig fort.“ (12.26) Beim nun folgenden Ritt auf die Stadt Lucca zu zieht sich Fortunato aus dem Gespräch, das Donati umso intensiver führt, völlig zurück. Florio, dem es offenbar an Menschenkenntnis fehlt, und der Donati nicht realistisch einschätzen kann, „ritt still wie ein träumendes Mädchen zwischen beiden“ (12.31 f.).

Dass mit Donati tatsächlich etwas nicht stimmt, stellt sich heraus, als er mit seinem Pferd in die Stadt einreiten will:

Ritter Donati – alles nur schöner Schein?

> „Als sie ans Tor kamen, stellte sich Donatis Ross, das schon vorher vor manchem Vorübergehenden gescheuet, plötzlich fast gerade in die Höh und wollte nicht hinein. Ein funkelnder Zornesblitz fuhr, fast verzerrend, über das Gesicht des Reiters, und ein wilder, nur halb ausgesprochener Fluch aus den

> zuckenden Lippen, worüber Florio nicht wenig erstaunte, da ihm solches Wesen zu der sonstigen feinen und besonnenen Anständigkeit des Ritters ganz und gar nicht zu passen schien. Doch fasste sich dieser bald wieder. ‚Ich wollte Euch bis in die Herberge begleiten', sagte er lächelnd und mit der gewohnten Zierlichkeit zu Florio gewendet, ‚aber mein Pferd will es anders,wie Ihr seht. Ich bewohne hier vor der Stadt ein Landhaus, wo ich Euch recht bald bei mir zu sehen hoffe.' – Und hiermit verneigte er sich, und das Pferd, in unbegreiflicher Hast und Angst kaum mehr zu halten, flog pfeilschnell mit ihm in die Dunkelheit fort, dass der Wind hinter ihm dreinpfiff." (12.33–13.14)

Nach dem Volksaberglauben ist das Scheuen des Pferdes vor dem Stadttor ein Anzeichen dafür, dass sein Reiter Schuld auf sich geladen hat. Die Textstelle zeigt aber auch, dass Donati seine wirkliche Wesensart zu verbergen versucht. So wie er im Festzelt den Wein gierig alleine schlürfte, anstatt ihn – wie die anderen auch – in Gesellschaft zu genießen, so verzerrt sich jetzt kurzzeitig das Gesicht des Ritters, der immer freundlich erscheinen möchte. Auch der wilde, halb ausgesprochene Fluch passt nicht zu seiner sonst so gewählten Sprache, was Florio sofort erstaunt.

Donatis ungebührliches Verhalten

Einen weiteren wichtigen Auftritt hat Donati am Sonntagmorgen, als er Florio zur Jagd abholen will und ihm in Aussicht stellt, dabei auch die schöne Dame zu treffen. Florio ist wegen dieses Ansinnens ganz außer sich, passt es doch nicht in sein Weltbild, „am heiligen Tage" (24.24) zu jagen. Auch hier zeigt Donati wieder sein wahres Gesicht, wenn er sagt:

> „Ihr wollt doch nicht etwa mit der Buhlerin unterm Arm zur Kirche wandern und im Winkel auf dem Fußschemel knieen und andächtig ‚Gott helf' sagen, wenn die Frau Base niest." (24.26–29)

Diese Einstellung passt nicht zu ihm, der als ein sehr kontrollierter Mensch gesehen werden will, gastfreundlich ist, von einer „feinen und besonnenen Anständigkeit", dazu ausgesprochen höflich, ausnehmend beredt und häufig lächelnd.

Die Beschreibung seines Lebensumfeldes lässt bei Ritter Donati an Bacchus, den Gott von Wein, Berauschung und Fruchtbarkeit denken:

Donatis Ähnlichkeit mit dem römischen Gott Bacchus

> „Mehrere Tage waren seitdem vergangen, da befand sich Florio eines Nachmittags bei Donati auf seinem Landhause vor der Stadt. An einem mit Früchten und kühlem Wein besetzten Tische verbrachten sie die schwülen Stunden unter anmutigen Gesprächen, bis die Sonne schon tief hinabgesunken war. Währenddes ließ Donati seinen Diener auf der Gitarre spielen, der ihr gar liebliche Töne zu entlocken wusste. Die großen, weiten Fenster standen dabei offen, durch welche die lauen Abendlüfte den Duft vielfacher Blumen, mit denen das Fenster besetzt war, hineinwehten. Draußen lag die Stadt im farbigen Duft zwischen den Gärten und Weinbergen, von denen ein fröhliches Schallen durch die Fenster heraufkam. Florio war innerlichst vergnügt, denn er gedachte im Stillen immerfort der schönen Frau." (35.1–15)

Diese Assoziation passt zur Göttin Venus, die ebenfalls der altrömischen Götterwelt angehört und als Göttin der Liebe, des erotischen Verlangens und der Schönheit eine zentrale Rolle in der Novelle Eichendorffs einnimmt. Als Donati Florio wenige Tage später zum Palast der Heidengöttin führt, hat er seine Aufgabe in der Novelle erfüllt.

Venus

KURZINFO

Die schöne Dame

- In der römischen Mythologie ist Venus die Göttin der geschlechtlichen Liebe, des erotischen Verlangens und Inbegriff von Schönheit, Liebreiz und Anmut.
- Ihr Marmorbild am Weiher weckt in Florio sexuelles Begehren.
- Die Venus versucht, Florio zu verführen, was ihr aber nicht gelingt, weil sich Florio auf die Werte seiner Jugend zurückbesinnt.
- Der Venus und ihrem Umfeld sind die Farben grünlichgolden und weiß zugeordnet, die eine Gegenwelt zur christlich geprägten Welt, in der Florio aufgewachsen ist, herstellen.
- Venus muss untergehen, als Florio sich von ihr ab- und dem „andre[n] Frauenbild" (46.4), der Gottesmutter Maria, zuwendet.

Venus – eine römische Göttin

Venus ist eine römische Göttin aus der Antike, die Sexualität und Fruchtbarkeit verkörpert, daneben auch mit dem Frühling und der Natur assoziiert wird. In Eichendorffs Novelle tritt sie als dämonische Verführerin auf und steht damit im Gegensatz zur Reinheit des Mädchens Bianka. Aus Andenken an die irdische Lust erwacht sie im Frühling jeden Jahres und muss mit dem Ende des Frühlings wieder untergehen, wird zu Stein.

Charakterisierung der Venus

Venus ist gezeichnet als schöne Dame, „reich und gewaltig“ (22.20), sie besitzt einen Lustgarten und ein Marmorschloss, das einem „heidnische[n] Tempel“ (36.10) ähnlich ist. Alles um sie herum ist prunkvoll, das Farbadjektiv golden kommt häufig im Zusammenhang mit ihr vor („mit goldenem Bildwerk verzierte Laute“, „goldenes Haar“, „goldene Spangen“, 20.26 ff.), häufig aber in der Verbindung mit Grün, also „grünlichgolden“ oder „grüngolden“. Mit diesen Farben werden auch Donati („ein hoher, schlanker Ritter in reichem Geschmeide, das grünlichgoldene Scheine zwischen die im Winde flackernden Lichter warf“, 11.10 ff.) und die Schlange, die beim Untergang des Venusschlosses in der Tiefe verschwindet, charakterisiert (vgl. 40.13 ff.). Sie werden damit zugleich der Ebene der Venus zugeordnet. Auch die Farbe Weiß ist mit Venus konnotiert. Sie hat „blendendweiße[…] Achseln“ (20.29 f.) und einen „blendendweißen Nacken“ (29.13 f.), reitet einen „schneeweißen Zelter“ (31.32), sie kommt Florio „fürchterlich weiß“ (16.22) vor und erinnert damit an das Marmorbild im Park, dem sie auch dadurch gleicht, dass ihre Augenhöhlen als steinern (vgl. 16.23) und sie selbst als „bleich und regungslos“ (31.27) wahrgenommen werden.

Venus – abhängig von Florio

Im Gegensatz zu Bianka ist Venus in Eichendorffs Novelle keine reale Figur. Sie ist vielmehr ein Wunschgebilde Florios. Dieser, als junger Mann sexuell noch völlig unerfahren, trifft zu Beginn der Novelle auf Bianka, die seine Phantasie anregt. In der ungezwungenen Situation, als ihm der Federball vor die Füße fällt und er ihn ihr übergibt, regt sich bei ihm zum ersten Mal ein erotisches Interesse. Bianka gefällt ihm, wie der spontane Kuss beweist, den er ihr abends beim Umtrunk gibt. Doch während Bianka sich mehr von Florio erhofft, ist seine Sexualität geweckt, und er hängt einem völlig überhöhten Idealbild von Schönheit und erotischer Lust nach. Hier kommt nun Venus ins Spiel. Indem Florio derartige Phantasien pflegt, erweckt er Venus erst neu zum Leben.

Deutlich wird dies, als Florio am Abend des ersten Tages in der Herberge in Lucca zu Bett geht: Er ist von den Erlebnissen des Tages aufgewühlt, kann erst nicht einschlafen, fällt dann aber in einen tiefen Traum, in dem er von „Sirenen" (14.3) gerufen wird. Als er dann erschrocken erwacht, folgt er dem Lockruf der Sirenen, begibt sich nach draußen und gelangt an einen Weiher, wo er zum ersten Mal das „marmorne Venusbild" (15.31) erblickt. Die Göttin wirkt auf ihn, als wäre sie „soeben erst aus den Wellen aufgetaucht und betrachte nun, selber verzaubert, das Bild der eigenen Schönheit" (16.2 ff.). Mit dem Auftauchen „aus den Wellen" spielt die Novelle auf eine der berühmtesten Venus-Darstellungen, Botticellis *Geburt der Venus*, an, die Eichendorff nachweislich kannte.

Venus wirkt, als tauche sie aus den Wellen auf

Gemälde von Sandro Botticelli, *Die Geburt der Venus* (um 1485), Uffizien, Florenz (akg-images, Berlin / Rabatti & Domingie)

Florio ist fasziniert von dem Standbild und gibt sich seiner Phantasie hin:

> „Florio stand wie eingewurzelt im Schauen, denn ihm kam jenes Bild wie eine lang gesuchte, nun plötzlich erkannte Geliebte vor, wie eine Wunderblume, aus der Frühlingsdämmerung und träumerischen Stille seiner frühesten Jugend heraufgewachsen. Je länger er hinsah, je mehr schien es ihm, als schlüge es die seelenvollen Augen langsam auf, als wollten sich die Lippen bewegen zum Gruße, als blühe Leben wie ein lieblicher Gesang erwärmend durch die schönen Glieder herauf. Er hielt die Augen lange geschlossen vor Blendung, Wehmut und Entzücken. – " (16.9–18)

Die Doppelgesichtigkeit der Venus

Doch die Faszination hält nicht lange an. Die Doppelgesichtigkeit der Venus – ihre Stellung zwischen Leben und Tod, Faszination und Schrecken – wird schon hier offenkundig:

> „Als er wieder aufblickte, schien auf einmal alles wie verwandelt. Der Mond sah seltsam zwischen Wolken hervor, ein stärkerer Wind kräuselte den Weiher in trübe Wellen, das Venusbild, so fürchterlich weiß und regungslos, sah ihn fast schreckhaft mit den steinernen Augenhöhlen aus der grenzenlosen Stille an. Ein nie gefühltes Grausen überfiel da den Jüngling. Er verließ schnell den Ort, und immer schneller und ohne auszuruhen, eilte er durch die Gärten und Weinberge wieder fort, der ruhigen Stadt zu; denn auch das Rauschen der Bäume kam ihm nun wie ein verständiges vernehmliches Geflüster vor, und die langen gespenstischen Pappeln schienen mit ihren weitgestreckten Schatten hinter ihm dreinzulangen.
> So kam er sichtbar verstört an der Herberge an." (16.19–32)

Venus – wirksam im geschlossenen Raum

Trotz der Schattenseiten der Venus, die sich hier schon offenbaren, kann Florio nicht von seinem Idealbild ablassen, und der Erzähler berichtet: „Ein tiefes, unbestimmtes Verlangen war von den Erscheinungen der Nacht in seiner Seele zurückgeblieben." (18.30 ff.) Schon bei der nächsten Gelegenheit sucht Florio den Weiher wieder auf und findet dann nach langem Umherirren – sozusagen im geschlossenen Raum – hinter einem „Tor aus Eisengittern" (19.31) in einem Lustgarten unter „hohe[n] Buchenhallen" (20.1) eine märchenhafte Welt, wie er sie noch nie gesehen hat. Wieder scheint er fast am Ziel seiner Wünsche:

> „Er war noch nicht weit vorgedrungen, als er Lautenklänge vernahm, bald stärker, bald wieder in dem Rauschen der Springbrunnen leise verhallend. Lauschend blieb er stehn, die Töne kamen immer näher und näher, da trat plötzlich [...] eine hohe schlanke Dame von wundersamer Schönheit zwischen den Bäumen hervor, langsam wandelnd und ohne aufzublicken. Sie trug eine prächtige mit goldnem Bildwerk gezierte Laute im Arm, auf der sie, wie in tiefe Gedanken versunken, einzelne Akkorde griff. Ihr langes, goldenes Haar fiel in reichen Locken über die fast bloßen, blendendweißen Achseln bis auf den Rücken hinab; die langen, weiten Ärmel, wie vom Blütenschnee gewoben, wurden von zierlichen goldnen Spangen gehalten; den schönen Leib umschloss ein himmelblaues Gewand, ringsum an den Enden mit buntglühenden, wunderbar ineinander verschlungenen Blumen gestickt. [...]. Florio fuhr innerlichst zusammen – es waren unverkennbar die Züge, die Gestalt des schönen Venusbildes, das er heute Nacht am Weiher gesehen. – Sie aber sang, ohne den Fremden zu bemerken [...]." (20.19–21.5)

Es gelingt Florio nicht, an die schöne Dame heranzukommen, die im Garten verschwindet. Doch Donati tritt auf und stellt ein Zusammentreffen am folgenden Tag in Aussicht, woraufhin Florio berauscht vor Vorfreude in die Stadt zurückkehrt.

Auf einem Maskenball trifft Florio ein drittes Mal auf Venus. Bianka sucht – als Griechin verkleidet – Kontakt zu Florio. Sie überreicht ihm eine Rose als Zeichen ihrer Liebe und verschwindet sogleich wieder. Zwar sucht er sie und findet sie auch, sie tanzen miteinander, und fast kommt es zu einem Kuss. Doch Florio sieht plötzlich am anderen Ende des Saales das Mädchen noch einmal – diesmal ist es Venus, die in der gleichen Verkleidung wie Bianka Florio betört. Nun ist seine Lust erwacht und er will ihr nach. Er findet sie dann abseits der Gesellschaft auf einem Rasenplatz im Mondlicht – „wie eine schöne Najade" (29.10). Doch als sie ihn bemerkt, „floh [sie], schnell wie ein aufgescheuchtes Reh, wieder zur Gesellschaft zurück" (29.17 f.).

Die Leidenschaft treibt Florio um

Später am Abend gelingt es Florio dann doch, Venus zu finden. Sie lockt ihn unter die Bäume, weg von den anderen Gästen, und spricht in Andeutungen von ihrem Schicksal, jährlich neu geboren zu werden und wieder sterben zu müssen. Schließlich lädt sie ihn in ihren Palast ein – für Florio eigentlich ein Grund zur Freude. Doch als sie dann ihren Schleier zurückwirft, erschrickt er über ihr Aussehen:

Venus – Ausgangspunkt für Freude und Schrecken

> „Es war die wunderbare Schöne, deren Gesang er in jenem mittagschwülen Garten belauscht. – Aber ihr Gesicht, das der Mond hell beschien, kam ihm bleich und regungslos vor, fast wie damals das Marmorbild am Weiher." (31.24–28)

Das vierte Zusammentreffen, das im Garten und im Marmorpalast der Venus stattfindet, markiert den Höhe- und Wendepunkt der Novelle. Im Garten wird Venus, die soeben von der Jagd zurückgekehrt ist, von Jungfrauen mit Rosen geschmückt und macht sich selbst zurecht. Dabei spricht sie immer wieder mit Florio oder „blickte ihn unter den Rosenkränzen so unbeschreiblich lieblich an, dass es ihm durch die innerste Seele ging" (37.20 ff.). Was hier beschrieben wird, ist eine Verführungsszene, die ihre Fortsetzung findet, wenn dann im Mondschein Venus Florio mit in ihre Gemächer nimmt und sich langsam vor ihm entkleidet:

> „Die schöne Führerin ließ sich hier auf mehrere am Boden liegende seidene Kissen nieder. Sie warf dabei, zierlich wechselnd, ihren weiten, blütenweißen Schleier in die mannigfaltigsten Richtungen, immer schönere Formen bald enthüllend, bald lose verbergend. Florio betrachtete sie mit flammenden Augen." (38.1–6)

Die Verführungsszene – ein Wendepunkt

Als hier Florios Anspannung am höchsten ist, hört er von draußen ein „altes, frommes Lied, das er in seiner Kindheit oft gehört und seitdem [...] fast vergessen hatte" (38.7 ff.). Dass er Fortunato als Sänger zu erkennen glaubt, verwirrt Florio und unterbricht den erotischen Zauber. Auch Venus zeigt sich erschrocken, wodurch Florio Zeit gewinnt, sich im Raum umzuschauen. Auf allen Darstellungen an den Wänden glaubt er Venus zu erkennen, auch erinnert er sich, in seiner Kindheit ähnliche Bilder gesehen zu haben. Venus versucht die Kindheitserinnerungen Florios kleinzureden und die Verführung wieder aufzunehmen, indem sie sagt: „Lasst nur das! [...] ein jeder glaubt mich schon einmal gesehen zu haben, denn mein Bild dämmert und blüht wohl in allen Jugendträumen mit herauf." (39.27–30)

Doch Florio kann sich unter dem Eindruck von Fortunatos Gesang an seine tatsächlichen Jugendträume erinnern und erkennt, dass er das, was in diesem Augenblick um ihn herum vorgeht, eigentlich gar nicht möchte. Er hat sich von Wunschgedanken verführen und von Venus blenden lassen. Er befindet sich in einem Zustand tiefster Verzweiflung und findet gerade dadurch zu seinem eigentlichen Wesen zurück. Die Folge ist ein Stoßgebet „aus tiefstem Grunde der Seele" (40.6 f.): „Herr Gott, lass mich nicht verloren gehen in der Welt!" (40.7 f.), das den Bann der Venus bricht: Naturgewalten lassen den Palast der Venus sowie ihren Garten verschwinden. Sie selbst schweigt und wirkt wehmütig (vgl. 40.16 ff.), wohl wissend, dass sie über Florio keine Gewalt mehr hat. Sie entfernt sich, da Florio, der sie durch sein Begehren erst heraufgerufen hat, sich von ihr abwendet (vgl. 41.4–24).

Unterbrechung der Verführung durch Fortunatos Gesang

Begegnungen zwischen Florio und Venus

Erste Begegnung (15–17)	Das Marmorbild am Weiher: Erwachen der erotischen Sehnsucht in Florio
Zweite Begegnung (20 f.)	Begegnung mit der lautenspielenden Venus im Lustgarten: Steigerung der erotischen Sehnsucht Florios; die Venus wendet sich aber von ihm ab.
Dritte Begegnung (28–31)	Auf dem Maskenball: Venus tritt als Griechin, in der gleichen Maskerade wie Bianka, auf, verwirrt Florio und steigert seine erotische Sehnsucht nach ihr.
Vierte Begegnung (36–41)	Verführungsszene im Marmorpalast: Abbruch der Verführung durch Fortunatos Gesang und Florios Erinnerung an seine Kindheit

Fortunato

KURZINFO

Christlicher Sänger und Helfer Florios

- Fortunato ist eine Helferfigur, die immer an entscheidenden Stellen der Handlung auftritt.
- Fortunato ist freundlich, fröhlich und bescheiden.
- Er ist lebensklug und dabei fromm, versteht sich als „redlicher Dichter" und ist damit in der Lage, Florio vor falschen Entscheidungen zu bewahren bzw. ihn auf den richtigen Weg zu führen.

Fortunato hat eine Doppelfunktion. Auch er ist eine Helferfigur: Er ist der Mentor und Beschützer Florios und der Gegenspieler der Venus. Er tritt schon ganz am Anfang der Novelle auf:

> „Da gesellte sich, auf zierlichem Zelter, desselben Weges ziehend, ein anderer Reiter in bunter Tracht, eine goldene Kette um den Hals und ein samtnes Barett mit Federn über den dunkelbraunen Locken, freundlich grüßend zu ihm. Beide hatten, so nebeneinander in den dunkelnden Abend hineinreitend, gar bald ein Gespräch angeknüpft, und dem jungen Florio dünkte die schlanke Gestalt des Fremden, sein frisches, keckes Wesen, ja selbst seine fröhliche Stimme so überaus anmutig, dass er gar nicht von demselben wegsehen konnte." (3.9–18)

So wie Fortunato beschrieben wird, stellten sich die Romantiker einen mittelalterlichen Sänger vor. Die goldene Kette signalisiert, dass er bereits ein berühmter Sänger ist. Schon in Goethes Gedicht „Der Sänger" (1783) wird diesem vom König, der von dessen Kunst angetan ist, eine goldene Kette als Lohn angetragen.

Charakterisierung Fortunatos

Fortunato ist – wie die Szene zeigt – Fremden gegenüber aufgeschlossen, bescheiden, obwohl er ein bekannter Mann ist; er ist fröhlich und dabei religiös („Jeder lobt Gott auf seine Weise", 3.31). Er verkörpert den redlichen Sänger, der im Glauben an Gott lebt und dichtet, der fröhlich ist, ohne dass die weltliche Lust für ihn eine besondere Bedeutung hat. Deshalb bleibt er auch am ersten Abend, als die Menschen noch zusammensitzen und Trinksprüche ausbringen, ohne ein „Liebchen". Seine Aufgabe ist es, für andere da zu sein.

> „Nur Fortunato allein gehörte allen oder keiner an und erschien fast einsam in dieser anmutigen Verwirrung. Er war ausgelassen lustig und mancher hätte ihn wohl übermütig genannt, wie er so wildwechselnd in Witz, Ernst und Scherz sich ganz und gar losließ, hätte er dabei nicht wieder mit so fromm-klaren Augen beinah wunderbar dreingeschaut." (7.28–34)

Rolle und Funktion Fortunatos

So singt er zwar von der Heiterkeit des Lebens, kann aber schnell in einen ernsten Ton übergehen, etwa wenn er – wie schon in seinem ersten Lied – vom Tod singt. Er ist ein lebenserfahrener Warner und warnt Florio vor dem Schicksal Tannhäusers im Zauberberg (vgl. 4.13), vor der Überbetonung romantischer Liebe (vgl. 17.22 f.), er ist aber auch ein Kommentator des Geschehens, etwa wenn er Florio bescheinigt, „recht ordentlich verliebt" zu sein (vgl. 18.8 f.)

Auf Pietros Fest wird diese Ambivalenz ebenfalls deutlich: Anfangs taucht Fortunato auf, er hatte sich

> „mehrere Mal verkleidet und trieb fortwährend seltsam wechselnd sinnreichen Spuk, immer neu und unerkannt, und oft sich selber überraschend durch die Kühnheit und tiefe Bedeutsamkeit seines Spieles, so dass er manchmal plötzlich still wurde vor Wehmut, wenn die andern sich halb tot lachen wollten." (29.25–31)

Fortunato als Warner

Dann warnt er Florio in seinem Lied davor, den bösen Mächten, für die Sexualität nicht Ausdruck von Liebe, sondern nur von Begierde ist, zu verfallen. Als Florio zu später Stunde im Palast der Venus von dieser verführt werden soll und im Begriff ist, sich der Lust ganz hinzugeben, lenkt Fortunato ihn mit einem Lied ab, das Florio an die Zeit seiner (unschuldigen) Kindheit erinnert. Schließlich soll aus „wilder Lust" (46.30) nicht schreckliche Reue (vgl. 46.31) entstehen.

Am Ende der Novellenhandlung tritt Fortunato noch einmal bedeutsam in Erscheinung. Er kann erklären, was es mit der Ruine auf sich hat, die die Reiter beim Verlassen Luccas entdecken. Er tut dies zuerst mit einem Lied; erst auf Nachfrage Pietros gibt er noch genauere Auskünfte: Er erläutert, dass es sich um einen alten heidnischen Venustempel gehandelt habe, wobei die

Venus „jeden Frühling immer wieder in die grüne Einsamkeit ihres verfallenen Hauses heraufsteigen und durch teuflisches Blendwerk die alte Verführung [...] an jungen sorglosen Gemütern" (46.28) üben würde. Er erklärt weiter, er wäre erst vor zwei Tagen in diesem Garten gewesen und hätte „ein altes frommes Lied" (47.12) gesungen. Damit ist Florio klar, dass sich die Ereignisse tatsächlich so abgespielt haben, wie er sie in Erinnerung hat, und dass er das „Paradiesgärtlein [seiner] Kindheit" (47.15 f.) nur deshalb wiederfand, weil es Fortunato gelang, „die wilden Erdengeister" (47.20) zu bändigen.

Fortunato klärt die Situation auf

Diese Informationen Fortunatos geben Florio neuen Lebensmut: Als dann auch noch die Sonne aufgeht – symbolisches Zeichen für den Beginn eines neuen Lebens –, „schüttelte sich Florio an allen Gliedern, sprengte rasch eine Strecke den andern voraus, und sang mit heller Stimme" (47.23 ff.). Dies läutet dann das Erkennen Biankas ein, wobei „erkennen" hier auch im biblischen Sinne gemeint ist (vgl. 1. Mose 2,21–25: „[...] erkennen sich Mann und Frau und werden ein Fleisch"). Damit ist der Erkenntnisprozess Florios auch die Voraussetzung für das glückliche Ende der Novelle.

Märchen oder Novelle?

KURZINFO

Die Frage nach der Gattung

- Eichendorff lässt die Gattungsfrage offen.
- Es gibt Aspekte, die das *Marmorbild* in die Nähe der Märchen rücken: die Einleitungsformel „Es war einmal", unbestimmte Festlegungen bezüglich des Zeitpunktes, des Ambientes und des Personals, die auffällige Häufung der magischen Zahl Drei, der Dualismus von Gut und Böse.
- Für die Gattung Novelle sprechen vor allem die innere Entwicklung der Hauptperson, aber auch andere novellentypische Kennzeichen, die im *Marmorbild* auffindbar sind (vgl. Lektürehilfe S. 45 f.).
- Eine klare Zuordnung zu einer der beiden Gattungen ist nicht möglich, aber auch nicht nötig.

Eichendorffs unklare Gattungszuordnung

Eichendorff hat seinem Verleger Friedrich de la Motte Fouqué das *Marmorbild* am 2. Dezember 1817 übersandt, damit es in dem von diesem herausgegebenen *Frauentaschenbuch für das Jahr 1818* erscheinen könne. In dem Begleitschreiben dazu heißt es: „Verehrtester Herr Baron. Ihrer gütigen Erlaubniß zufolge, wage ich es, Ihnen wieder etwas von meiner Poesie zuzuschicken, eine Novelle oder ein Mährchen [...]." (Zit. nach: Ursula Regener, *Erläuterungen und Dokumente: Joseph von Eichendorff, „Das Marmorbild"*, Stuttgart: Reclam, 2004, S. 55) Hieraus wird schon deutlich, dass Eichendorff sich nicht auf eine Gattung festlegen wollte, dass ihm die Zuordnung zu Gattungen vielleicht auch gar nicht wichtig war. Dennoch stellt sich die Frage, ob *Das Marmorbild* mehr Züge des Märchens zeigt oder ob es doch eher der Gattung Novelle zuzurechnen ist.

Märchenhafte Züge in den ersten Zeilen

Für die Gattung Märchen sprechen einige Aspekte, die zu Beginn des Textes zu finden sind. So erinnert schon der erste Satz („Es war ein schöner Sommerabend", 3.1) an die typische Einleitungsformel von Märchen. Hinzu kommen die unbestimmten Festlegungen bezüglich des Zeitpunktes, des Ambientes und der Person: Es ist nur ganz vage von einem „Sommerabend", von einem „feinen Dufte" und einer „wunderbaren Landschaft" die Rede. Der junge Mann wird zwar mit seinem Vornamen – Florio – genannt, man erfährt aber über ihn nur, dass er ein „junger Edelmann" ist. Als Örtlichkeit des Geschehens wird Lucca genannt, eine Stadt in Mittelitalien. Je mehr jedoch die Handlung voranschreitet, desto fraglicher wird die Realität dieser Ortsbezeichnung, es könnte sich auch um jeden anderen Ort in Italien oder einem südeuropäischen Land handeln. Charakteristische Identifizierungsmerkmale der Stadt Lucca kommen nicht vor. Bedeutung hat in diesem Zusammenhang auch die Zahl Drei, die in Volksmärchen häufig anzutreffen ist. Im *Marmorbild* begegnet Florio der Venus dreimal im Lustgarten (vgl. 16.1–31, 20.19–21.23, 28.25–29.15), dreimal warnt Fortunato Florio (vgl. 4, 9f., 17), dreimal stört Fortunato die Begegnung zwischen Florio und Venus (vgl. 32, 38f., 41).

Die Drei – eine märchenhafte Zahl

Märchenhaft mögen auch manche Aspekte der Handlung erscheinen, etwa die Verwandlung einer Statue in eine lebende Person oder umgekehrt. Auch die Gegenüberstellung von Gut und Böse (in den Personen Fortunato/Bianka bzw. Donati/Venus) ist der Grundkonzeption vieler Märchen nicht unähnlich. Bleibt der Rahmen des Geschehens auch sehr unbestimmt, so fehlen doch andere für Märchen typische Wesensmerkmale. Im *Sachwörterbuch der Literatur* (8. Aufl., Stuttgart: Kröner, 2001, S. 494f.) beschreibt Gero von Wilpert das Märchen so:

Gegenüberstellung von Gut und Böse

> „Kennzeichen sind: Aufhebung der Natur- und Kausalgesetze, Eingreifen übernatürl. Gewalten ins Alltagsleben, redende und Menschengestalt annehmende Tiere und Tier- oder Pflanzengestalt annehmende, verwunschene Menschen […], Riesen, Zwerge, Drachen, Feen, Hexen, Zauberer u. a. den Naturgesetzen widersprechende und an sich unglaubwürdige Erscheinungen, die jedoch aus dem Geist des Märchens heraus einfach geschehen und glaubwürdig werden, indem e. gedanklich mitvollzogene Unwahrscheinlichkeit die andere schon wahrscheinlich macht. Der eth. Grund ist e. denkbar einfache schwarz-weiße Weltordnung mit typenhaften guten oder bösen Figuren (‚böse Stiefmutter') ohne Psychologie an stereotypen Schauplätzen."

Zudem ist Florio keine typische Märchenfigur, da er über ein detailliert geschildertes Innenleben verfügt und sich konsequenterweise vom unbedarften Jüngling zum gereiften jungen Mann entwickelt. Seinen Ausdruck findet diese Entwicklung in den Bezeichnungen, die der Erzähler für Florio findet. Zu Beginn ist er der „Blöde" (6.12), er wirkt „unschuldig" (3.35) auf die Men-

Psychische Entwicklung Florios als Kennzeichen der Novelle

schen in seiner Umgebung, später heißt es von ihm er „ritt still wie ein träumendes Mädchen“ (12.31 f.) zwischen Donati und Fortunato. Am Ende wird er mit fast den gleichen Worten beschrieben wie Fortunato zu Beginn der Handlung: „Dabei ruhten seine großen geistreichen Augen mit sichtbarem Wohlgefallen auf dem schönen Jünglinge“ (3.33 f.) bzw. „Mit Wohlgefallen ruhten Florios Blicke auf der lieblichen Gestalt“ (48.27 f.).

Kann man insgesamt festhalten, dass der Text deutliche Kennzeichen des Märchens zeigt, so fehlen andere jedoch ganz, wie etwa typische Märchenfiguren, einfache Weltordnung und ein Geschehen ohne psychologische Vertiefung. Die innere Entwicklung der Hauptfigur – die ja im Mittelpunkt der Erzählung steht – spricht dafür, dass es sich nicht um ein Märchen handelt.

Deutlicher ist hingegen die Zuordnung zur Gattung Novelle, wie man im Folgenden sehen kann. Als Kennzeichen der Novelle werden meist genannt:

Kennzeichen der Novelle

- Es handelt sich um eine Prosaerzählung kurzen bis mittleren Umfangs;
- es wird ein Konflikt zwischen Ordnung und Chaos dargestellt;
- im Mittelpunkt der Handlung steht ein zentrales Ereignis (nach Goethe eine „unerhörte Begebenheit“), nämlich Florios Verblendung durch eine zum Leben erwachte Statue;
- die Handlungsführung ist linear, ähnelt aber in ihrem Ablauf dem klassischen fünfaktigen Drama (mit Exposition, Steigerung, Höhepunkt bzw. Wendepunkt, fallender Handlung mit Peripetie und Lösung des Konflikts);
- das Erzählte wird durch Leitmotive und ein Dingsymbol (Tiere, Pflanzen oder Gegenstände mit symbolischer Bedeutung, die wiederholt erscheinen und die Funktion eines Leitmotivs übernehmen können) strukturiert;
- die Anzahl der Personen ist gering gehalten.

Viele dieser Kennzeichen kann man im *Marmorbild* wiederfinden, so etwa vor allem das Vorkommen eines Höhe- und Wendepunkts: Die Verführungsszene und ihr

Abbruch bewirken einen Entwicklungsschub bei Florio und eine Neuorientierung seines Lebens. Auch Leitmotive (z. B. Augen, Blumen, Luft) kommen häufig vor, ebenso das Marmorbild, das die Funktion eines Dingsymbols hat. So ist insgesamt festzuhalten, dass *Das Marmorbild* der Novelle ähnlicher ist als dem Märchen. Eine klare Zuordnung, die Eichendorff bereits in seinem Begleitbrief an den Verleger (vgl. die vorliegende Lektürehilfe S. 43) schon umgangen hat, ist wohl nicht zu leisten.

Romantische Motive

KURZINFO

Mittel zur Darstellung einer idealisierten Welt

- Farben haben in Eichendorffs Novelle eine bestimmte Bedeutung, die das Verstehen erleichtert.
- Tages- und Jahreszeiten haben ebenfalls symbolische Bedeutung, die zu ergründen ist, will man den Text gedanklich durchdringen.
- Das Ideal der Romantiker war die unberührte, nicht vom Menschen veränderte Natur.

Romantik vs. Realismus

Stellt man sich die Frage, wie Eichendorff seine Novelle erzählt, merkt man schnell, dass er jeden Realismus beiseitelässt. *Das Marmorbild* mutet nicht realistisch an. Vielmehr verwendet der Autor Motive, wie man sie in der Romantik immer wieder findet, um die Erzählabsicht zu unterstützen.

Die Bedeutung der Farben

Auffällig ist eine klare Zuordnung der Farben zu den verschiedenen Bereichen. Die Farben Weiß und Gold sind der Venuswelt zugeordnet. Venus trägt „goldene Spangen“ im „goldenen Haar“ und hat einen Falken an „goldener Schnur“ bei sich. Die Schlange mit dem „grünlichgoldenen Schweife“ (40.14) stürzt sich in den Abgrund, als der Zauber der Venus nicht mehr greift, da Florio auf den Gesang Fortunatos hört. Auch das Geschmeide Donatis glänzt „grünlichgolden“, was die Verbundenheit der beiden Figuren verdeutlicht. Die weiße Farbe steht ebenfalls für die Welt der Venus, insofern es sich um einen harten Weißton handelt. Es ist die Rede vom „marmornen Venusbild“ im Park, dann von „dem ganzen weißen Antlitz und Armen“ der Venus, ihrem „blendendweißen Nacken“ und den „fast bloßen, blendendweißen Achseln“. Im Moment ihres größten Verlustes, als sich Florio in der Verführungsszene von ihr abwendet, wird sie „immer bleicher und bleicher“ (41.8). Sie kommt Florio „so fürchterlich weiß“ vor, „bleich und regungslos“. Auch ihr Schleier ist „blütenweiß“, ebenso ihr Reitpferd, ein „schneeweißer Zelter“. Festzuhalten ist also, dass harte Weißtöne die Welt der Venus kennzeichnen. Weiche Weißtöne oder das Weiß schlechthin als Farbe der Reinheit gehören zur Welt der Bianka, die ja schon diese Konnotation im Namen trägt (ital. *bianco* ‚weiß‘, ‚rein‘).

Jahreszeiten

Auch die Bedeutung der Jahreszeiten ist für das Textverständnis wichtig. So gehört der Frühling zur Welt der Venus. Venus erscheint mit dem Frühling und muss mit seinem Ende wieder untergehen. Damit ist alles, was mit dem Frühling zu tun hat, ihr zugeschrieben. Der Frühling ist traditionell die Zeit des Neubeginns, der Wiedergeburt. So kommt die Venus immer im Frühling aus der Erde hoch und tut ihr Werk der Verführung an allen, die dafür anfällig sind. Dies ist vor allem die Jugend, wie das Beispiel Florios zeigt. Er reift vom Jugendlichen, der von Sexualität, Verführung und erotischer Leidenschaft allenfalls eine erste unbestimmte Ahnung hat, zum jungen Mann heran, der die Abgründe des Lebens kennengelernt hat und sich nun, erwachsen geworden, für eine Frau entscheidet, mit der er sein Leben teilen will. So lautet sein letzter Satz zu Bianka: „Ich möchte niemals wieder scheiden, wenn Ihr es vergönnt.“ (49.8 f.)

Auch Venus kennt ihr Schicksal, das sich im Frühling vollendet: Im Lustgarten singt sie nur für sich selbst:

> „Was weckst du, Frühling, mich von neuem wieder?
> Dass all die alten Wünsche auferstehen,
> […].“ (21.6 f.).

Im weiteren Verlauf ihres gesungenen Sonetts thematisiert sie ihr Ende:

> „So mich auch ruft ihr aus dem stillen Hause –
> Und schmerzlich nun muss ich im Frühling lächeln,
> Versinkend zwischen Duft und Klang vor Sehnen.“ (21.17–19)

Selbst Fortunato kennt diese Zusammenhänge und singt:

> „Sie selbst muss sinnend stehen
> So bleich im Frühlingsschein,
> Die Augen untergehen,
> Der schöne Leib wird Stein.- (45.27–30)

Tageszeiten

Ähnlich verhält es sich mit den Tageszeiten. Die Nacht ist der Welt der Venus zugeordnet, die Welt Biankas kennt Tag und Nacht. Grundsätzlich lässt sich von einem starken Interesse der Romantiker am Thema „Nacht" sprechen. Die Nacht war für sie gleichbedeutend mit der Welt des Seelischen und Unbewussten, konnte aber auch als Raum für Projektionen bedrohliche, triebhafte und dämonische Züge offenbaren.

Die Bedeutung der Nacht

Florio nimmt Venus zum ersten Mal bei seinem nächtlichen Spaziergang im Park wahr: „Der Mond, der eben über die Wipfel trat, beleuchtete scharf ein marmornes Venusbild, das dort dicht am Ufer auf einem Steine stand" (15.30–16.1). Auch ihre zweite Begegnung im Lustgarten findet des Nachts statt (vgl. 20.23 ff.). Schließlich treffen sie sich auf dem Maskenball bei Pietros Fest – wiederum in der Nacht (vgl. 28.4 ff.). Und auch die Verführungsszene im Marmorpalast ereignet sich nachts (vgl. 36.21 ff.).

Anders ist es bei der Bianka-Handlung. Deren Geschehnisse finden in der Regel tagsüber statt. Da ist zu Beginn der Novelle die erste Begegnung zwischen Bianka und Florio beim Federballspiel (vgl. 5.1 ff.). Ebenso verhält es sich mit ihrer letzten Begegnung. Sie ereignet sich am frühen Morgen (vgl. 43.5). Daneben tritt Bianka auch in abendlichen oder nächtlichen Situationen auf, z. B. beim Fest am ersten Abend vor der Stadt Lucca oder beim Fest, das Pietro ausrichtet. Hier fehlt aber die Ausschließlichkeit der Venuswelt, Bianka wird als ganz normales junges Mädchen dargestellt.

Ein Morgen im ausgehenden Frühling – das Ende der Novelle

Aufschlussreich ist, dass die Novellenhandlung an einem Abend beginnt und an einem Morgen endet. Damit steht die Tageszeit, die Bianka zugeschrieben wird, am Ende, was als Hinweis darauf verstanden werden kann, dass der Tag die Nacht besiegt hat bzw. dass die Nacht künftig nicht mehr die Dominanz über das junge Paar erlangen wird. Wenn man dann noch bedenkt, dass der letzte Satz der Novelle davon berichtet, dass „die Glücklichen fröhlich durch die überglänzten Auen in das blühende Mailand hinunter" ritten (49.17 f.), schließt sich der Kreis auch in Bezug auf die Jahreszeiten wieder: Am Ende ist der Frühling vorbei und mit ihm die Zeit der Venus.

Unberührte, wilde Natur vs. vom Menschen gestaltete Natur

Von Bedeutung ist auch die Darstellung der Natur. Szenen in der Natur durchziehen die gesamte Novelle. Die Handlung beginnt, indem Florio an einem „schöne[n] Sommerabend“ (3.1) durch eine „wunderschöne […] Landschaft“ (3.3 f.) auf die Stadt Lucca zu reitet. Florio berichtet, er sei „auf dem Lande in der Stille“ (4.4 f.) aufgewachsen, habe „die fernen blauen Berge sehnsüchtig betrachtet“ (4.5 f.) und den Frühling im elterlichen „Garten“ (4.7) erlebt. Hier ist ebenso von der unveränderten, wilden Natur die Rede, wie später, wenn Fortunato sein erstes Lied vorträgt, während „einzelne Sterne […] zwischen den Wipfeln der dunkelnden Bäume hervor[traten], der Fluss rauschte“ (8.7 f.).

Anders verhält es sich in der Umgebung der Venus. Florio macht eine erste Begegnung mit dem „weiten prächtigen Lustgarten“ (19.33), der durch ein „Tor von Eisengittern“ (19.31) mit „vergoldeten Stäben“ (19.32) abgegrenzt ist. Kennzeichnend für den Venusgarten sind „hohe Buchenhallen“ (20.1), die schon in ihrer Benennung als „Hallen“ das menschliche Zutun offenbaren, ebenso wie der Park selbst mit seinen „hohen schlanken Säulen“ (20.10), den „Springbrunnen“ (20.21) und dem „Palast“ (20.8). Insgesamt wird deutlich, dass die unberührte, „wilde“ Natur – das Ideal der Romantiker, wie man es auch aus dem Gedicht „Sehnsucht“ von Eichendorff kennt – der Welt Florios zugeschrieben wird. Die vom Menschen bearbeitete Natur, die kunstvoll gestalteten Gärten und Parkanlagen sind hingegen mit der negativ konnotierten Sphäre der Venus verbunden.

Themen

Christentum vs. Antike

KURZINFO

Zwei Epochen im Widerstreit

- Eichendorff spielt in seiner Novelle verschiedene Gegensätze durch.
- Das ist zum einen der Gegensatz zwischen Sexualität und personaler Liebe (am Beispiel der schönen Dame und Bianka).
- Zum anderen gibt es einen Gegensatz der Religionen: die alte römische Religion (die als „heidnisch" verstanden wird) und das Christentum.
- Daraus resultiert dann ein Gegensatz der Epochen: Antike vs. Mittelalter.

Italien – Land der Antike und des Christentums

Eichendorffs Novelle vermittelt nur wenige Angaben, die für den Leser nachprüfbar sind. Als Ort der Handlung wird die italienische Stadt Lucca genannt, die in der Toskana westlich von Florenz und nördlich von Pisa liegt, etwa 20 Kilometer von der Mittelmeerküste entfernt. Dass die Handlung in der italienischen Stadt spielt, erfährt der Leser schon im ersten Satz (vgl. 3.1 ff.). Für den weiteren Verlauf der Handlung spielt der Ort zunächst einmal keine Rolle, sieht man davon ab, dass Venus eine alte italische Göttin ist. Es wird auch nicht im weiteren Verlauf der Handlung im topografischen Sinn Bezug auf Lucca als Ort des Geschehens genommen.

Dualismus der Epochen

So wie hier dargelegt, verhält es sich auch bei anderen Motiven. Sie sind offenkundig für die äußere Handlung nicht von Bedeutung, dennoch erschließt sich über sie ein Sinnzusammenhang, den es zu entschlüsseln gilt. Deutlich wird bei der Lektüre, dass im *Marmorbild* zwei gegensätzliche Epochen aufeinanderprallen: das Mittelalter und die Antike. Zum Bereich der Antike gehören die Göttin Venus, die für Fruchtbarkeit, Verführung, erotisches Verlangen und Sexualität steht, sowie ihr Lustschloss, das ganz aus Marmor erbaut ist, wie es in der Antike üblich war, und einem „heidnische[n] Tempel" (36.10) gleicht. Der Zauber der Venus ist auf den Frühling begrenzt, mit ihm kommt sie aus der Tiefe empor und nach seinem Ende muss sie wieder untergehen. Ihr Wirken ist abhängig von den Wünschen und der Wahrnehmung der Menschen: Florios Begierde lässt sie auf ihn Einfluss gewinnen.

Sexuelle Lust als zur Antike gehörend

Durch die erste Begegnung mit Bianka ist Florio zwar bereit für die Liebe, kann aber noch nicht zwischen wahrer, auf eine Person ausgerichteter Zuwendung und bloßem sexuellen Begehren unterscheiden. Deshalb zieht ihn Venus immer wieder in ihren Bann, bis zur Verführungsszene in ihrem Lustschloss. Erst als Florio mit etwas anderem, nämlich mit einer Erinnerung in Form eines Liedes aus seinen (unschuldigen) Kindertagen konfrontiert wird, erkennt er seinen Irrtum und besinnt sich auf Gott. Die Venus verliert ihre Zauberkraft über ihn. Fortunato erklärt dies in den Strophen 3–10 seines letzten Liedes (vgl. 44.22–45.30), das er der Reisegesellschaft nach ihrem Ausritt aus Lucca singt. Die Kraft des christlichen Glaubens, die der Sänger Fortunato vom Boot auf dem Weiher aus bei Florio hervorruft, eröffnet diesem die Möglichkeit, sich von der heidnischen Göttin abzuwenden. Dabei zieht er sein Schwert, weil er Gefahr wittert, nämlich die von den sich verselbstständigenden, alle ihn selbst darstellenden Wandbildern ausgehende Gefahr. Das zeigt, dass er erkannt hat, dass nur er sich selbst gefährlich werden kann, oder wie es der Erzähler ausdrückt: „[…] er kam sich auf einmal hier so fremde und wie aus sich selbst verirrt vor." (40.3 f.)

Positive Darstellung des Christentums

Im Gegensatz zu der negativen Darstellung der Antike in Gestalt der Venus steht die positive Darstellung des Christentums, wie sich am Schluss der Novelle deutlich erweist. Hier setzt Eichendorff der Venus ein anderes, eben christliches Frauenbild, gegenüber: Maria mit dem Kind. Auch diesen Aspekt besingt Fortunato in den letzten vier Strophen seines Liedes:

„Denn über Land und Wogen
Erscheint, so still und mild,
Hoch auf dem Regenbogen
Ein andres Frauenbild.

Ein Kindlein in den Armen
Die Wunderbare hält,
Und himmlisches Erbarmen
Durchdringt die ganze Welt.

Da in den lichten Räumen
Erwacht das Menschenkind,
Und schüttelt böses Träumen
Von seinem Haupt geschwind.

Und, wie die Lerche singend,
Aus schwülen Zaubers Kluft
Erhebt die Seele ringend
Sich in die Morgenluft." (46.1–16)

Dominanz des Mittelalters über die Antike

Darin offenbart sich ein rückwärts gewandtes Geschichtsbild: Fortunatos Lied verklärt das Mittelalter als die große Zeit des Christentums, etwas, das Eichendorff möglicherweise in seiner Zeit vermisste.

Personalisierte Liebe als Kennzeichen des Christentums

Florio ist am Ende der Novelle geläutert und wieder zu sich selbst gekommen, was sich in seinen Bewegungen zeigt („Da schüttelte Florio sich an allen Gliedern, sprengte rasch eine Strecke den andern voraus", 47.23 ff.). Er kann auch „mit heller Stimme" (47.25) Gott preisen. Zudem fühlt er sich frei, aber in Gottes Obhut (vgl. 47.26 ff.), und so wie er sich von diesem erkannt hofft („O Vater, du erkennst mich doch", 47.32), erkennt er in dem mitreitenden „zierliche[n] Knabe[n]" Bianka als seine große und wahre Liebe.

Die Tannhäuser-Sage

KURZINFO

Die Sage vom Venusberg

- Im Mittelalter ging die Sage vom Minnesänger Tannhäuser um, der im Venusberg gefangen sei.
- Der Tannhäuser ist eine sagenhafte Figur, die im Venusberg sexuelle Ausschweifungen erlebte und sich deshalb im Leben außerhalb schwertat.
- Angeblich hat ihm der Papst die Vergebung der Sünden verweigert, was den Tannhäuser zurück in den Venusberg geführt hat, wo er bis an sein Ende geblieben ist.

Tannhäuser – ein mittelalterlicher Stoff

Im Zusammenhang mit Eichendorffs *Marmorbild* wird immer wieder auf die Tannhäuser-Sage verwiesen. Um was geht es darin und welche Bezüge zu Eichendorffs

Novelle lassen sich feststellen? – Die Tannhäuser-Sage (auch: Tannhauser-Sage) reicht ins späte Mittelalter bzw. in die Frührenaissance zurück. Von Antoine de La Sale (um 1385–1460), einem französischem Autor, liegt die älteste schriftliche Fassung vor, die ungefähr auf das Jahr 1420 datiert wird. Über sie hat das Tannhäuser-Motiv dann Eingang in die verschiedenen Volksliteraturen Europas gefunden. In Deutschland ist das *Tannhäuserlied* seit 1515 nachweisbar.

Inhalt der Tannhäuser-Sage

Kern der Sage ist folgende Begebenheit: Der Ritter Tannhäuser verbringt sieben Jahre im Berg der Frau Venus. Dort gibt er sich ausführlich dem sexuellen Verkehr mit vielen Frauen hin. Schließlich sagt ihm sein Gewissen, dass er wieder ins wirkliche Leben außerhalb des Berges zurückkehren muss. Sein erster Weg führt ihn zum Papst in Rom, wo er um Vergebung seiner Sünden bitten will, damit dieser ihm eine Buße auferlegt, um seine Seele zu retten. Der Papst jedoch verweigert die sofortige Vergebung der Sünden. Er könne ihm erst Vergebung gewähren, wenn der Stab, den er in seinen Händen hält, grünen wird. Daraufhin zieht Tannhäuser wieder in den Venusberg, wo man ihn erneut aufnimmt und er sein Leben führt wie zuvor. Am dritten Tag grünt der Stab des Papstes, das sogenannte Stabwunder hat sich ereignet. Der Papst erkennt, dass er unrecht getan hat und schickt Männer aus, nach Tannhäuser zu suchen. Doch dieser ist und bleibt im Venusberg verschwunden.

Tannhäuser-Sage der Brüder Grimm

Die Sage wird als Kritik am Papst gedeutet. In der von den Brüdern Grimm herausgebenen Sammlung *Deutsche Sagen* (1816/1818) lautet die innewohnende Moral: „Und kein Priester soll einem sündigen Menschen Mißtrost geben, sondern verzeihen, wenn er sich anbietet zu Buß und Reue." (Brüder Grimm, *Deutsche Sagen. Ausgabe auf der Grundlage der ersten Auflage,* hrsg. und komm. von Heinz Rölleke, Nr. 170: „Der Tannhäuser", nach dem alten Volkslied in *Prätorius* Blocksberg, Leipzig 1668, S. 19–25. Frankfurt am Main: Deutscher Klassiker Verlag, 1994, S. 218 f.)

Adoleszenz

KURZINFO

Das Marmorbild – eine Adoleszenzgeschichte

- In Eichendorffs Novelle *Das Marmorbild* steht ein junger Mann im Mittelpunkt, der seinen Platz im Leben noch nicht gefunden hat.
- Dies geschieht aber im Verlauf der Handlung – es geht also um die Darstellung eines Erwachsenwerdens und der damit verbundenen Probleme.
- Adoleszenzgeschichten erinnern an die seit dem 18. Jahrhundert kursierenden Bildungs- und Erziehungsromane, die an Goethes Roman *Wilhelm Meisters Lehrjahre* (1795/96) angelehnt sind.

Entwicklung Florios

Eichendorffs Novelle führt dem Leser die Entwicklung Florios vom unerfahrenen jungen Mann zu einem gereiften, verantwortungsbewussten Erwachsenen, der zwischen wahrer, persönlicher Liebe und oberflächlicher Sexualität zu unterscheiden weiß, vor Augen. Florio macht also eine häufig in der Literatur thematisierte Entwicklung durch. Meist geschieht dies aber in einem die gesamte Persönlichkeit umfassenden Sinn, wie etwa in Entwicklungs- oder Bildungsromanen, während im *Marmorbild* das Geschehen nur auf einen Aspekt (Liebe vs. Sexualität) konzentriert ist. In neuerer Zeit wird oft die Entwicklung vom Jugendlichen zum Erwachsenen thematisiert; in diesem Zusammenhang spricht man vom Adoleszenzroman oder Coming-of-Age-Roman.

Adoleszenzgeschichten

Kennzeichen des Bildungs- und Entwicklungsromans, aber auch des Adoleszenz- oder Coming-of-Age-Romans sind:
- Darstellung der Entwicklung eines Helden / einer Hauptfigur,
- chronologischer Aufbau,
- oft aus der Ich-Perspektive verfasst,
- Erziehung eines jungen Menschen durch einzelne, besonders prägende Figuren.

Doch es gibt auch eine Vielzahl von kürzeren Texten, die einen Entwicklungssprung oder nur einen Aspekt der Entwicklung der gesamten Persönlichkeit in den Vordergrund stellen. Kennzeichen derartiger Entwicklungsgeschichten – meist handelt es sich wie bei Eichendorffs *Marmorbild* um Novellen – sind die folgenden:

Kennzeichen von Adoleszenz-Geschichten

- Sie zeigen die Adoleszenzphase eines Protagonisten / einer Protagonistin im Alter zwischen etwa zwölf bis (maximal) Ende zwanzig Jahren.
- Sie thematisieren den Prozess der Identitäts- und Sinnsuche.
- Die Krisenerfahrungen und Initiationserlebnisse entstammen folgenden Problembereichen:
  - Ablösung von der Herkunftsfamilie,
  - Entwicklung eines eigenen Wertesystems,
  - erste sexuelle Erfahrungen,
  - Aufbau eigenständiger Sozialkontakte.
- Adoleszenzgeschichten sind meist geprägt durch die Zerrissenheit zwischen Innen- und Außenwelt.

Die psychischen Prozesse werden oft in der Form der erlebten Rede oder des inneren Monologs dargestellt, oft finden sich in den Texten Traumsequenzen bzw. verschlüsselte Symbolwelten des Unbewussten. Vieles davon findet man auch im *Marmorbild*, das als einer der ersten Texte gilt, in dem die Probleme der Jugend bzw. des Erwachsenwerdens thematisiert sind.

Sprache und Stil

KURZINFO

Sprachliche und erzählerische Besonderheiten der Novelle

- Eichendorff verwendet eine Vielzahl sprachlicher Mittel, um seinem Text die Wirkung besonders lyrischer Prosa zu verleihen: Synästhesien, bildhafte Schilderungen, Vergleiche und Lieder.
- Der personale Erzähler, der das Geschehen in der Regel beschreibt, trägt dazu bei, dass man dieses als authentisch, quasi aus der Innensicht der Hauptfigur geschildert, wahrnimmt.
- Partizipien, Präfixe, Präpositionen, Adjektive und Wiederholungen verleihen dem Text eine besondere Eindringlichkeit und stellen ihn in eine Reihe mit anderen Werken der Romantik.

Die Sprache, die Eichendorff in seiner Novelle verwendet, wurde oft als lyrisch bezeichnet. Manchmal ist auch von einer lyrischen Novelle die Rede. Worauf gründet sich diese Bezeichnung? Zum einen ist festzustellen, dass es ein Anliegen romantischer Autoren war, ein Gesamtkunstwerk zu schaffen, in dem nicht nur die Gattungsgrenzen (vor allem zwischen Lyrik und Prosa) aufgehoben scheinen, sondern alle Sinne angesprochen werden. Diese Grundidee der Romantik, die freie und schrittweise („progressiv") sich vollziehende Gestaltung einer „Universalpoesie", verdeutlicht Friedrich Schlegel 1798 im berühmten 116. Athenaeum-Fragment:

Aufhebung der Gattungsgrenzen als Grundidee der Romantik

> „Die romantische Poesie ist eine progressive Universalpoesie. Ihre Bestimmung ist nicht bloß, alle getrennten Gattungen der Poesie wieder zu vereinigen […]. Sie umfaßt alles, was nur poetisch ist […]. Die romantische Dichtart ist noch im Werden; ja das ist ihr eigentliches Wesen, daß sie […] nie vollendet seyn kann." (F. Schlegel, *Schriften zur Kritischen Philosophie 1795–1805*, Hamburg: Meiner, 2007, S. 29 f.)

Als Ziel der romantischen Idee von der Universalität der Kunst gilt, die vielfältigen, auch verborgenen Aspekte der Welt in ihren komplexen Beziehungen und übergreifenden Zusammenhängen erfassbar zu machen. Deshalb findet sich in den dichterischen Werken der Romantik häufig das Stilmittel der Synästhesie, bei dem verschiedene Sinneseindrücke sprachlich miteinander verbunden werden. Schon der erste Satz von Eichendorffs Novelle liefert ein Beispiel dafür:

Synästhesien

> „Es war ein schöner Sommerabend, als Florio, ein junger Edelmann, langsam auf die Tore von Lucca zuritt, sich erfreuend an dem feinen Dufte, der über der wunderschönen Landschaft und den Türmen und Dächern der Stadt vor ihm zitterte, sowie an den bunten Zügen zierlicher Damen und Herren, welche sich zu beiden Seiten der Straße unter den hohen Kastanien-Alleen fröhlichschwärmend ergingen." (3.1 ff.)

Schilderungen

Den Eindruck des Lyrischen verstärken auch die schildernden Elemente im *Marmorbild*. Dadurch gelingt es, Naturphänomene ebenso anschaulich zu erzählen wie Sinneseindrücke, ja die Sinneseindrücke werden durch die Naturbilder erst evoziert:

> „Er sprang von seinem Bett und öffnete das Fenster. Das Haus lag am Ausgange der Stadt, er übersah einen weiten stillen Kreis von Hügeln, Gärten und Täler, vom Monde klar beschienen. Auch draußen war es überall in den Bäumen und Strömen noch wie im Verhallen und Nachhallen der vergangenen Lust, als sänge die ganze Gegend leise, gleich den Sirenen, die er im Schlummer gehört." (14.10 ff.)

Vergleiche

Sprachliche Mittel, die zur Wahrnehmung der Novelle als besondere lyrische Prosa beitragen, sind etwa Vergleiche. Folgende Beispiele folgen im Text unmittelbar aufeinander: „unter den hohen Bäumen wandelten sittige Frauen auf und nieder, und ließen die schönen Augen musternd ergehen über die glänzende Wiese, lachend und plaudernd und mit den bunten Federn nickend im lauen Abendgolde wie ein Blumenbeet, das sich im Winde wiegt", „Die buntgefiederten Bälle flatterten wie Schmetterlinge", „wie ein fröhliches Bild des Frühlings", „Sie stand fast wie erschrocken vor ihm" (5.2 ff.).

Die Lieder …

Des Weiteren gehören zur Gestaltung der Novelle als Gesamtkunstwerk auch die im *Marmorbild* vorhandenen Lieder. Insgesamt handelt es sich um neun Lieder, die sich wie folgt verteilen: Fortunato singt drei Lieder, Florio ebenfalls drei, die schöne Dame zwei, der Gärtner eines. Dazu muss jedoch gesagt werden, dass Fortunato die umfangreicheren Lieder singt, der Gärtner das kürzeste, ebenso der noch junge Florio, als er das Ständchen auf seine Liebste ausbringt (vgl. 7.9–14). Häufig sind die Lieder als Volkslieder gestaltet, d. h. sie weisen

4-hebige Jamben als Versmaß auf, jede Strophe besteht aus vier Versen mit Kreuzreimen und abwechselnd männlichen und weiblichen Kadenzen.

… und ihre Funktion

Die Lieder unterstreichen zwar den Eindruck des Lyrischen in der Novelle, haben aber alle eine bestimmte Funktion, indem sie die thematischen Aspekte ergänzen und vertiefen. Das Ständchen, das Florio für Bianka singt, zeigt durch seine Schlichtheit und Kürze, dass Florio noch recht unerfahren ist. Das gilt für den Umgang mit Frauen und für das Dichten gleichermaßen. Fortunatos Eingangslied (vgl. 8–11) ist demgegenüber deutlich länger, zeigt also schon allein dadurch dessen Meisterschaft. Aufgrund des Inhalts gibt sich Fortunato außerdem als christlicher Sänger zu erkennen. Als solcher spielt er dann am Höhepunkt der Handlung wieder eine entscheidende Rolle, wenn er ein „altes frommes Lied“ (38.7 f.) singt, das Florio aus seiner Kindheit kennt und das ihn dazu bringt, sich von der Verführung der Venus abzuwenden.

Die Lieder der Venus hingegen informieren über ihre Situation (vgl. 21.6–19), darüber, dass sie zu Beginn des Frühlings geweckt wird und mit seinem Ende wieder versinkt, oder machen erotische Anspielungen („Als ob sie sich wollten küssen“, 28.32, „Wissen darf es nicht der Morgen!“, 29.4). Der Kunstcharakter der Novelle und der Lieder im Besonderen wird durch das kurze Lied des Gärtners (vgl. 42.15–18) offenkundig. Zwar passt es zur Figur des Gärtners, weil es in Bezug auf Versmaß, Reimschema und Thematik/Begrifflichkeit sehr einfach und volksnah ist, andererseits ist kaum vorstellbar, dass ein Gärtner etwas selbst Gedichtetes vor sich hinsingt.

Die Erzählperspektive

Der Text ist weitgehend aus der Perspektive eines auktorialen (allwissenden) Erzählers verfasst, der das Geschehen kennt und auch die Gedanken und Gefühle der Figuren wiederzugeben vermag. Möglicherweise erschien diese Technik Eichendorff sinnvoll, um der Naivität seines Ich-Erzählers Florio nicht zu viel Raum zu geben bzw. diese abzumildern. Deutlich erkennbar ist die auktoriale Erzählhaltung schon im ersten Satz der Novelle. Hier wird die allgemeine Situation geschildert, Kenntnisse über den Reiter fließen ein, die nur ein allwissender Erzähler haben kann („Florio, ein junger Edelmann“), und auch was im Inneren des Reiters vorgeht, wird vom Erzähler benannt.

Dass insbesondere die Darstellung der Innensicht aus der Perspektive des allwissenden Erzählers gut möglich ist, zeigt die Szene, die sich an die abgebrochene Verführungsszene anschließt:

> „Mein Gott! wo bin ich denn so lange gewesen!“, sagte Florio halb leise in sich, und floh eilig zurück durch das Tor und die noch leeren Gassen in die Herberge.
> Hier verschloss er sich in sein Zimmer und versank ganz und gar in ein hinstarrendes Nachsinnen. Die unbeschreibliche Schönheit der Dame, wie sie so langsam vor ihm verblich und die anmutigen Augen untergingen, hatte in seinem tiefsten Herzen eine solche unendliche Wehmut zurückgelassen, dass er sich unwiderstehlich sehnte, hier zu sterben. –
> In solchem unseligen Brüten und Träumen blieb er den ganzen Tag und die darauf folgende Nacht hindurch.“
> (42.26–43.4)

Darüber hinaus kommt es auch häufig vor, dass die Novellenhandlung von der Realität in einen Bereich der Träume oder Imagination übergeht. Teilweise werden solche Wechsel mit Einleitungsformeln („da war es ihm“, 14.1) angekündigt, teilweise im Konjunktiv detailliert geschildert: „Je länger er hinsah, je mehr schien es ihm, als schlüge es [das Bildnis] die seelenvollen Augen langsam auf, als wollten sich die Lippen bewegen […], als blühe Leben wie ein lieblicher Gesang erwärmend durch die schönen Glieder herauf.“ (16.13–17) Auch dies wäre aus einer Ich-Perspektive so nicht möglich.

Personaler Erzähler

An manchen Stellen lässt sich jedoch auch eine personale Erzählperspektive erkennen, z. B. im Dialog zwischen Bianka und Florio, am Abend nach dem Fest bei Pietro (vgl. 33.22–34.16). Der personale Erzähler erweckt durch die szenische Darstellung den Anschein, unmittelbar in das Geschehen involviert zu sein. Doch anders als der allwissende Erzähler kennt er keine Handlungen oder Ereignisse, die in der Zukunft des Erzählten liegen, er weiß also nicht, „wie die Geschichte weitergeht oder endet“.

Partizipien

Häufig verwendet Eichendorff Partizipien, meist im Präsens (z. B. „fragend", „schießend", „flirrend", 49.10 ff.), die ebenfalls den lyrischen Gesamteindruck unterstreichen, da sie das Anhaltende, Flüchtige einer Bewegung oder eines Zustandes verdeutlichen. Längere Sätze oder Satzgefüge tragen zu dieser schwebenden Wirkung bei, wie der erste Satz der Novelle zeigt. Andere sprachliche Mittel, die eine lyrische Grundstimmung des Textes verstärken, sind Verben mit richtungsweisenden Präfixen wie etwa hinunterjauchzen (vgl. 17.10 f.), hineineilen (vgl. 21.30), hineindunkeln (vgl. 37.24) und lokalen Präpositionen („Draußen war indes die Gegend schon stiller geworden und feierlich, einzelne Sterne traten zwischen den Wipfeln der dunkelnden Bäume hervor, der Fluss rauschte stärker durch die erquickende Kühle", 8.6 ff.; „Das Mädchen blickte scheu um sich und ging rasch tiefer in die Nacht hinein", 30.32 ff.).

Präfixe und Präpositionen

Stereotype Adjektive und Wiederholungen

Adjektive werden oft formelhaft gebraucht und tragen nicht wirklich zu einer individuellen Beschreibung der Person, des Gegenstandes oder des Naturphänomens bei. Von Donati heißt es ganz zu Beginn der Novelle, er hatte „das Gesicht schön" (11.14); im Venusgarten angekommen fragt Florio Donati, wer in dem „schönen Garten" wohne (22.14 f.). Auch die häufigen Wiederholungen sowohl bestimmter Adjektive als auch anderer Wortarten wie etwa Nomen tragen dazu bei, Stimmungen zu suggerieren oder zu intensivieren und Zusammenhänge herzustellen.

Die Entstehungsgeschichte der Novelle

KURZINFO

Geschichte des Novellen-Stoffes

- Die Novelle entstand 1817.
- Inspiriert wurde Eichendorff von der barocken Sammlung *Größte Denkwürdigkeiten der Welt* (1687) von Eberhard Werner Happel.
- Er greift darin eine Gespenstergeschichte um eine Statuenbelebung auf.
- Der Tannhäuser-Stoff kommt hinzu.
- Beide Motivkreise – Statuenbelebung und Tannhäuser-Mythos – bilden die Grundlage für Eichendorffs Novelle.

Happels *Denkwürdigkeiten* als Vorlage

Eichendorff hat seine Novelle *Das Marmorbild* im Jahr 1817 verfasst, als er als junger Beamter im Dienst Preußens stand und sich offenbar in dem ungeliebten Brotberuf langweilte. Die Anregung dazu kam von dem barocken Dichter Eberhard Werner Happel (1647–1690), der 1687 ein Sammelwerk mit dem Titel *Größte Denkwürdigkeiten der Welt* veröffentlichte. Darin findet sich auch eine Gespenstergeschichte, in der ein junger Reisender in Lucca in den Bann einer „teuflischen Frau" gerät, dann aber noch einmal mit dem Schrecken davonkommt. Bei Happel gibt es auch einzelne Szenen und Figuren, die man in Eichendorffs Novelle wiederfindet, z.B. Ritter Donati. Die Tannhäuser-Sage ist Eichendorff vermutlich bereits aus Jugendjahren (vgl. S. 65) bekannt, sicherlich jedoch aus zeitgenössischen Werken wie etwa Ludwig Tiecks Novelle *Der getreue Eckart und der Tannenhäuser* (1800) oder aus der von Clemens Brentano und Achim von Arnim herausgegebenen Volksliedersammlung *Des Knaben Wunderhorn* (1806), in der sich das Lied „Der Tannhäuser" befindet. In einem Brief vom 2. Dezember 1817 an seinen Herausgeber Friedrich de la Motte Fouqué gibt sich Eichendorff aber bescheiden, wenn er schreibt:

Der populäre Tannhäuser

> „Ihrer gütigen Erlaubniß zufolge, wage ich es, Ihnen wieder etwas von meiner Poesie zuzuschicken, zu dem irgend eine Anekdote aus einem alten Buche, ich glaube es waren Happelii Curiositates, die entfernte Veranlassung, aber weiter auch nichts gegeben hat." (Zit. nach: Ursula Regener, *Erläuterungen und Dokumente: Joseph von Eichendorff, „Das Marmorbild"*, Stuttgart: Reclam, 2004, S. 55)

Tradition des Motivs der Statuenbelebung

Das Motiv der Statuenbelebung, das Eichendorff auch bei Happel vorgefunden hat, besitzt eine lange Tradition. Schon der römische Dichter Ovid (um 43 v. Chr. – 17 n. Chr.) hat diesen Stoff in Buch 10,243–297 seiner *Metamorphosen* überliefert. In dieser Episode erzählt er die Geschichte eines Bildhauers aus Zypern namens Pygmalion, der zum Frauenfeind geworden ist und deshalb ganz in seiner Kunst aufgeht. Als es ihm gelingt, eine Marmorstatue zu schaffen, die er selbst für vollkommen hält, wünscht er sich von der Liebesgöttin Venus, dass seine künftige Frau so sein möge wie diese Statue. Als er daraufhin die Statue wieder berührt, bemerkt er, dass sie sich bewegt und langsam lebendig wird. Pygmalion heiratet schließlich die zum Leben erwachte Statue, die nun Galatea heißt, und hat zusammen mit ihr einen Sohn. Aus dem 18. Jahrhundert gibt es von Goethe ein Pygmalion-Gedicht; bekannter ist jedoch die Adaption des Stoffes durch George Bernard Shaw (1856–1950), der in seinem 1914 uraufgeführten Stück *Pygmalion* die Londoner Gesellschaft karikierte. Diese Fassung bildete dann auch die Grundlage für das Musical *My Fair Lady* aus dem Jahr 1956.

Leben und Werk Eichendorffs

KURZINFO

Biografie Joseph von Eichendorffs

- Eichendorff wurde 1788 in Oberschlesien als Sohn einer landadeligen Familie geboren.
- In der Umbruchszeit der napoleonischen Kriege war eine gute Ausbildung besonders wichtig.
- Eichendorff studierte Jura und Geisteswissenschaften in Halle und Heidelberg, wo er mit der romantischen Bewegung in Kontakt kam.
- Nach dem Verkauf der väterlichen Güter schlug er die Beamtenlaufbahn in Berlin und Danzig ein.
- 1819 erschien *Das Marmorbild*, 1826 die Novelle *Aus dem Leben eines Taugenichts*.
- Eichendorff starb am 26. November 1857 im preußischen Neisse.

Elternhaus Eichendorffs

Joseph von Eichendorff wurde am 10. März 1788 auf Schloss Lubowitz in der Nähe der oberschlesischen, damals zu Preußen gehörenden Stadt Ratibor geboren. Sein Vater war der ehemalige preußische Offizier Adolf Theodor Rudolf Freiherr von Eichendorff (1756–1818). Er hatte Karoline, eine geborene Freiin von Kloch (1766–1822), geheiratet, die aus einer schlesischen Adelsfamilie stammte, aus deren Besitz sie Schloss Lubowitz erbte.

Der Vater investierte viel Zeit und Geld in den landwirtschaftlichen Betrieb, versuchte als moderner Agrarwirt ein Leben nach Gutsherrenart zu führen und schuf damit Joseph und seinem älteren, 1796 geborenen, Bruder Wilhelm ein Refugium für eine unbeschwerte Kindheit und Jugend. Zudem ließ er den beiden Söhnen durch den katholischen Geistlichen Bernhard Heinke eine solide Erziehung nach Art der Hofmeister zukommen.

Jugendjahre

Wie viele junge Männer aus gutem Haus bildete sich Eichendorff auf Reisen fort. 1794 unternahm er eine Reise nach Prag, 1799 nach Karlsbad, anschließend hielt er seine Eindrücke in ersten Aufzeichnungen in Tagebuchform fest. Auch eine Geschichte der Natur ist aus dieser Zeit von Eichendorff überliefert, die er selbst illustrierte. Ab 1801 besuchte Joseph ebenso wie sein Bruder das katholische St.-Matthias-Gymnasium in Breslau, wo er ebenso wie sein Bruder im Internat untergebracht war.

Zu Hause auf Schloss Lubowitz stand es in dieser Zeit wirtschaftlich nicht zum Besten. Der Vater hatte sich verspekuliert, ein gerichtliches Verfahren gegen ihn wurde eingeleitet, der wirtschaftliche Ruin war greifbar, das Erbe mütterlicherseits nicht zu halten – wie viel der alte Eichendorff auch immer investierte. Für die Söhne war es in dieser finanziell höchst angespannten Situation umso wichtiger, einen Beruf zu erlernen, der ein Auskommen ermöglichte, bei dem man nicht auf das Schloss und seine Ländereien zurückgreifen musste.

Eichendorffs Interesse für Kunst und Literatur

Joseph von Eichendorff zeigte sich schon damals an allem interessiert, was mit Kunst und Kultur zu tun hatte. Er lernte nicht nur das Tanzen, Fechten und Schwimmen, was zu einer standesgemäßen Erziehung gehörte, sondern auch Zeichnen; er beschäftigte sich mit dem Schreiben von Gedichten, besuchte Theater- und Opernaufführungen, so bald dies möglich war. Er kannte die Werke von Lessing, Goethe und Schiller ebenso wie die von Mozart, Gluck und Carl Maria von Weber.

Studium in Halle an der Saale

Im März 1805 schrieben sich die Brüder Eichendorff an der Universität Halle an der Saale ein, wo sie Rechts- und Geisteswissenschaften studierten. Sie pflegten aber auch sonst das studentische Leben, wanderten nach Leipzig, um eine Aufführung von Schillers *Räubern* mit dem berühmten Schauspieler und Dichter August Wilhelm Iffland in der Rolle des Franz Moor zu sehen, oder nach Lauchstädt, wo Goethes *Götz von Berlichingen* aufgeführt wurde. Aber nicht nur Kunstgenuss stand auf dem Programm der Studenten. An der Tagesordnung waren wohl auch Streitereien mit den etablierten Bürgern, die die Romantiker als Spießbürger ansahen und „Philister“ nannten.

An einen schnellen Abschluss der juristischen Studien war nicht zu denken, zu interessiert war Eichendoff an anderen Studienrichtungen, dem interdisziplinären Angebot der Universität – und an den Bekanntschaften, die er mit einflussreichen Männern und interessanten Frauen seiner Zeit machen konnte. Besonders fasziniert zeigte sich Eichendorff von den Theorien Friedrich Schlegels, die er in seinen Vorlesungen vertrat. Schlegel, der ein enthusiastischer Anhänger der Französischen Revolution war, eröffnete Eichendorff einen neuen politischen und literarischen Horizont, hatte man doch in den östlichen Gebieten Preußens, aus denen Eichendorff stammte, bislang kaum etwas von dem Sturm auf die Bastille und der Erklärung der Menschenrechte gehört.

Zeitgeschichtlicher Hintergrund

Schon 1804 hatte sich Napoleon Bonaparte zum Kaiser der Franzosen erklärt, sein Siegeszug durch Europa ging weiter. Im August 1806 legt Kaiser Franz II. die Kaiserkrone nieder und erklärt das Heilige Römische Reich für erloschen. Im Oktober 1806 siegten die napoleonischen Truppen bei der Schlacht von Jena und Auerstedt über Preußen und konnten als Sieger in Berlin einmarschieren. Halle war von den Truppen Napoleons erobert worden, die Universität wurde aufgelöst, die Studenten vertrieben. Auch Joseph von Eichendorff und sein Bruder mussten die Universitätsstadt verlassen. In Mannheim fanden sie Unterschlupf bei einem Bäckermeister, wobei Joseph sich in dessen Schwester Katharina Barbara verliebte.

Fortsetzung des Studiums in Heidelberg

Die Brüder Eichendorff setzten ihre Studien in Heidelberg fort, was sich als wichtige Station erwies, kam Joseph dabei doch in Kontakt mit der romantischen Bewegung und einigen ihrer Vertreter. Joseph Görres hielt Vorlesungen zur Ästhetik, die Eichendorff inspirierten, andere, wie Achim von Arnim und Clemens Brentano, machten auf ihn als Herausgeber der Liedersammlung *Des Knaben Wunderhorn* großen Eindruck. Joseph von Eichendorff war stark beeindruckt von dieser angeblichen Sammlung von Volksliedern, die, wie man heute weiß, von den Herausgebern stark bearbeitet wurden und deshalb keineswegs den „Volksgeist" widerspiegelten. Trotzdem zeigten sie nachhaltige Wirkung und wirkten auf die Dichtung der Romantik stilbildend.

Bekanntschaft mit Heinrich von Loeben

In Heidelberg lernte Eichendorff den Dichter Otto Heinrich von Loeben kennen, der damals in ganz Deutschland hoch angesehen war. Loeben veröffentlichte unter dem Pseudonym Isidorus Orientalis schlichte Gedichte im romantischen Stil. Er war ein Bewunderer des romantischen Dichters Friedrich von Hardenberg, genannt Novalis, und gab Eichendorff – in Anlehnung an Novalis – den Künstlernamen „Florens“. Eichendorff distanzierte sich bald von Loeben, dessen Dichtungen er für zu oberflächlich hielt.

Die Heidelberger Studentenzeit war für Eichendorff auch in anderer Hinsicht wichtig: Er erlernte die italienische Sprache und versuchte, Goethes Bildungsroman *Wilhelm Meister* ins Italienische zu übersetzen. Außerdem hörte er Vorlesungen bei Johann Joseph Görres, der als Kämpfer für die Freiheit die Jugend in seinen Bann zog. Görres war ein wichtiger Vertreter der romantischen Bewegung, auch als er sich längst von seinen revolutionären Ursprüngen entfernt und das Christentum über die Antike gestellt hatte.

Romantische Mode: das Sammeln von Volksdichtung

In dieser Haltung folgte ihm Eichendorff nach, wie auch *Das Marmorbild* zeigt. Görres hatte sich, wie Arnim und Brentano oder die Brüder Grimm, dem Ziel verschrieben, in der deutschen Volksliteratur die „deutsche Volksseele“ sichtbar zu machen. Wie diese sammelte er mittelalterliche Volksbücher, Legenden und Sagen, die er unter dem Titel *Die teutschen Volksbücher* 1807 veröffentlichte. Auch Eichendorff folgte dieser Tradition seiner Vorbilder. Er sammelte Volksmärchen und Sagen aus seiner oberschlesischen Heimat; erhalten sind aber nur noch Fragmente, keine zusammenhängende Veröffentlichung.

Bildungsreisen

Im April 1808 unternahm Joseph von Eichendorff zusammen mit seinem Bruder eine einmonatige Bildungsreise, die ihn von Heidelberg über Straßburg nach Paris führte. Im Mai reiste er von Heidelberg über Würzburg und Nürnberg nach Regensburg und weiter auf der Donau nach Wien. Solche Bildungsreisen gehörten zum Pflichtprogramm in der höher gestellten Gesellschaft („Kavalierstour“) und dienten der Erweiterung des geistigen Horizonts. Unter dem von Otto Heinrich von Loeben übernommenen Pseudonym „Florens“ veröffentlichte Eichendorff im gleichen Jahr einige Gedichte in der *Zeitschrift für Wissenschaft und Kunst*. Etwa zeitgleich begann er auch mit der Niederschrift der Märchennovelle *Die Zauberei im Herbste*.

Im Sommer 1808 kehrte Joseph von Eichendorff nach Lubowitz zurück, um dem Vater bei der Verwaltung der Güter zu helfen. Damals lernte Eichendorff Aloysia (Luise) Viktoria von Larisch kennen, die siebzehnjährige Tochter des Gutsbesitzers Johann von Larisch. Seine Eltern, insbesondere seine Mutter, hatten eine andere Frau für ihn ausgesucht: Gräfin Julie Hoverden, die reich war und das väterliche Gut sanieren hätte können. Doch Eichendorff zog die Liebesheirat der Zweckehe vor und verlobte sich 1809 mit Luise. Noch im gleichen Jahr hörte Eichendorff Vorlesungen des Philosophen Fichte und lernte die romantischen Autoren Arnim, Brentano und Heinrich von Kleist kennen.

Heirat

Ab 1810 studierte er Jura in Wien, wo er 1812 sein Examen ablegte. Nachdem er an den Befreiungskriegen gegen Napoleon von 1813 bis 1815 teilgenommen hatte, heiratete er Luise 1815. Noch im gleichen Jahr wurde sein erster Sohn Hermann geboren, 1817 der zweite Sohn Rudolf, 1819 die Tochter Therese, 1821 die Tochter Agnes, die jedoch im folgenden Jahr starb, und 1830 die Tochter Anna, gestorben 1832. 1818 starb Eichendorffs Vater, woraufhin die meisten seiner hochverschuldeten Güter verkauft wurden. Schloss Lubowitz blieb im Besitz der Familie. Trotzdem betrauerte Eichendorff den Verlust der Welt seiner Kindheit ein Leben lang.

Ab 1816 war Eichendorff Rechtsreferendar bei der Regierung in Breslau, eine Anstellung, die zwar nicht honoriert wurde, was der Familie eine karge Existenz aufzwang, aber Eichendorff nach dem Bestehen der Staatsprüfung doch den Zugang zur Beamtenlaufbahn als Regierungsassessor in Berlin ermöglichte. Daneben betätigte sich Eichendorff weiter schriftstellerisch: 1818 erschien erstmals die Novelle *Das Marmorbild*.

Beruflicher Aufstieg

Erst nach dem Bestehen weiterer Prüfungen erhielt Eichendorff im Jahr 1821 die Stelle eines Regierungsrates in Danzig, wo er sich um Schul- und Kirchenangelegenheiten zu kümmern hatte. Eichendorffs Beamtenlaufbahn brachte regionale Veränderungen mit sich, so wurde er 1824 nach Königsberg und 1831 nach Berlin versetzt, was jeweils mit Gehaltserhöhungen verbunden war, so dass ihn und seine Familie immer weniger Existenzsorgen plagten.

Aus dem Leben eines Taugenichts erscheint 1826

1826 trat Eichendorff ins Bewusstsein einer breiteren Öffentlichkeit: Seine Novelle *Aus dem Leben eines Taugenichts* wurde zusammen mit dem *Marmorbild* und einigen Gedichten veröffentlicht. 1834, dann schon in Berlin, folgte der zweite Roman Eichendorffs: *Dichter und ihre Gesellen* (der erste, *Ahnung und Gegenwart*, war bereits 1815 anonym erschienen). In Berlin pflegte Eichendorff auch den Kontakt zu berühmten und einflussreichen Persönlichkeiten wie dem Komponisten Felix Mendelssohn Bartholdy, dem Historiker Friedrich Karl von Savigny, Adalbert von Chamisso und Fouqué. Mit der Französischen Revolution von 1789 setzte sich Eichendorff schließlich in der Novelle *Das Schloß Dürande* (1837) auseinander.

Beurlaubung aus dem Staatsdienst

Eichendorff wurde durch König Friedrich Wilhelm IV. von Preußen im Jahr 1841 zum Geheimen Regierungsrat ernannt – ein Ehrentitel, der jedoch keine höheren Bezüge mit sich brachte. Schon 1843 wurde er aus dem Staatsdienst beurlaubt. Man übertrug ihm die Aufgabe, die Geschichte der Marienburg, des berühmten Schlosses der in Ostpreußen ansässigen Ordensritter, zu schreiben. Auch diese Tätigkeit, die Eichendorff nicht ungelegen kam, musste er doch als Abschiebung in einen unproblematisch unpolitischen Bereich verstehen, was ihm, dem Katholiken im protestantischen Preußen ja nicht neu war. Schon des Öfteren fühlte er sich aufgrund seiner konfessionellen Bindung bei beruflichen Aufstiegsentscheidungen übergangen. In dieser Zeit beschäftigte er sich auch mit einem ihm gedanklich nahestehenden spanischen Dichter: dem Dramatiker Pedro Calderón de la Barca (1600–1681). Einen Teil seiner Werke, u. a. das berühmte Mysterienspiel *Das große Welttheater* (entstanden um 1635), übersetzte Eichendorff in den Jahren nach 1843 ins Deutsche. Spanisch hatte er bereits auf dem Gymnasium in Breslau gelernt.

1844, nach einer schweren Lungenentzündung, wurde Eichendorff auf eigenen Wunsch in den Ruhestand versetzt. Seine dichterische Tätigkeit endete ebenfalls zu dieser Zeit weitgehend, fortan beschäftigte er sich mit literarhistorischen Studien, die sich nur an eine gebildete, interessierte bürgerliche Oberschicht richteten: „Der deutsche Roman des 18. Jahrhunderts in seinem Verhältnis zum Christentum“ (1851) und „Zur Geschichte des Dramas“ (1854) entstehen.

In der Revolution von 1848/49 zeigte Eichendorff keine klare Haltung. Zwar sympathisierte er mit den Ideen der patriotischen Revolutionäre und lehnte die Restaurationspolitik Metternichs nach dem Wiener Kongress (1814/15) und den Karlsbader Beschlüssen (1819) ab, weil er sie für einen politischen Rückschritt hielt. Doch politische Revolutionen blieben ihm suspekt, da er das Volk für nicht für gebildet genug ansah, sich ein fundiertes politisches Urteil schaffen zu können, und die Bewegung der Aufklärung für einen Irrweg hielt.

Tod Eichendorffs

Der Tod seiner Frau Luise am 3. Dezember 1855 bedeutete für Eichendorff einen Einschnitt in sein Leben, ja einen Schicksalsschlag, von dem er sich nicht mehr erholte. Der Dichter zog sich mehr und mehr aus der Öffentlichkeit zurück, ging auf Distanz zur „Welt draußen“, zeigte aber – ganz im Sinn sprichwörtlicher preußischer Disziplin – kein Selbstmitleid. Er schrieb seine Lebenserinnerungen bis ins 2. Kapitel nieder, bevor er selbst am 26. November 1857 mit 69 Jahren an einer Lungenentzündung starb. Eichendorff wurde in Neisse (heute: Nysa, Polen) auf dem Jerusalemer Friedhof beigesetzt.

Rezeption

KURZINFO

***Das Marmorbild* im Lauf der Jahrhunderte**

- Nach ihrem Erscheinen wurde Eichendorffs Novelle heftig kritisiert bzw. ignoriert.
- Erst zu Beginn des 20. Jahrhunderts nahm man den Text – unter dem Einfluss von Freuds Psychoanalyse – wohlwollender auf.
- Zeitgenössische Interpreten sehen im *Marmorbild* vor allem die Entwicklung Florios im Mittelpunkt.

Es gab schon im 18. und 19. Jahrhundert literarische Werke, die zu Bestsellern wurden. Erinnert sei in diesem Zusammenhang an Goethes Briefroman *Die Leiden des jungen Werthers*. Mit Eichendorffs *Das Marmorbild* war es anders. Nach ihrem Erscheinen im Jahr 1818 wurde die Novelle zum Teil heftig kritisiert. So hieß es in der in Leipzig erschienenen *Zeitung für die elegante Welt* schon im Oktober 1818:

> „Dem Marmorbilde von Jos. Freiherrn von Eichendorf [so!] konnten wir wenig Geschmack abgewinnen. Uns scheint hier eine blühende Phantasie, die leicht etwas Befriedigendes hätte schaffen können, an einen undankbaren Stoff verschwendet. Man fühlt sich nur zerstreut und betäubt nach dem Lesen […]." (Zit. nach: Ursula Regener, *Erläuterungen und Dokumente: Joseph von Eichendorff, „Das Marmorbild"*, Stuttgart: Reclam, 2004, S.79)

Auch Willibald Alexis (d.i. Georg Wilhelm Heinrich Häring, 1798–1871, deutscher Schriftsteller) schrieb am 29. Juli 1826 in den *Blättern für literarische Unterhaltung*:

> „Unbedeutender [als ‚Aus dem Leben eines Taugenichts'], aber anziehend ist die zweite Novelle ‚Das Marmorbild'. Wie das antike Götterleben fortspukt in den unsterblichen Resten durch die Kunst, dies ist ein reichhaltiges tief begründetes Thema; hier ist die Auffassung indessen nicht tief genug für das Thema einer flüchtigen Erscheinung, – ein Gespensterspuk, ohne viel andere als äußerliche Bedeutung." (Zit. nach: Ebd., S.80)

Kritik am *Marmorbild*

Diese beiden Rezensionen verdeutlichen, dass die Kritiker das eigentliche Thema der Novelle, das Erwachsenwerden eines jungen Mannes und die damit einhergehende sexuelle Orientierungslosigkeit und deren

Überwindung, gar nicht erkannten – möglicherweise, weil es für sie in der damaligen Zeit außerhalb ihres Verstehenshorizonts lag.

Veränderte Einschätzung zu Beginn des 20. Jahrhunderts

Während die Novelle im 19. Jahrhundert, das von realistischen Strömungen geprägt war, noch immer gering geschätzt wurde, änderte sich diese Haltung erst unter dem Einfluss der subjektiveren Strömungen zu Beginn des 20. Jahrhunderts, des Impressionismus, des Fin de Siècle, der Traumdeutung Freuds und der Psychoanalyse. Adolf Schöll schreibt z. B. 1936 in den in Wien erscheinenden *Jahrbüchern der Literatur* vom „täuschenden Schimmer der Traumwelt“, die Eichendorff vorführt und weiter:

> „Die Novelle läßt erkennen, wie leicht ein unschuldiges Gemüth die Fülle seines Busens unbewußt von Blendbildern sich entwenden läßt, die es um sein wirkliches Leben betrügen wollen. Sie lehrt aber auch die Formel, die den Zauber löst." (Zit. nach: Ebd., S. 81)

Kanonisierung romantischer Texte

Eine breite Auseinandersetzung mit dem Werk Eichendorffs fand in der zweiten Häfte des 20. Jahrhunderts vor allem im akademischen Bereich statt. Damals erfuhr *Das Marmorbild* eine Aufwertung, wurde quasi kanonisiert, ebenso wie schon zuvor *Aus dem Leben eines Taugenichts* oder andere Texte der Romantik, etwa E. T. A. Hoffmanns *Der Sandmann* oder *Der goldene Topf*. Da erkannte man auch neue Lesarten des Textes. Lothar Pikulik (1977) betont den Aspekt der „neuen Mythologie“, die die Autoren der Romantik schaffen wollten. Ludwig Stockinger (1997) schließt sich dem an und rückt dabei die Ausbildung der sexuellen und sozialen Identität unter religiösem Aspekt in den Vordergrund. Insgesamt lässt sich feststellen, dass Eichendorffs *Das Marmorbild* zu verschiedenen Zeiten verschieden rezipiert wurde. Eine abschließende Betrachtung wird es in absehbarer Zeit wohl nicht geben – was vielleicht auch gut so ist und den Leser die Novelle immer wieder neu ergründen lässt.

Worterklärungen

Die folgenden Erklärungen erläutern schwer verständliche Wörter in Joseph von Eichendorffs *Das Marmorbild*, deren Bedeutung nicht aus der vorliegenden Interpretation hervorgeht. Sie sind nach ihrem ersten Vorkommen im Text mit Seiten- und Zeilenangabe angeordnet.

3.2 **Edelmann:** Adeliger

4.1 **von dem wunderbaren Spielmann:** Anspielung auf den Minnesänger Tannhäuser

4.24 **Zelter:** auf den Passgang dressiertes und daher zum Reisen bevorzugtes Reitpferd im Mittelalter

4.32 **sittige:** sittsame, vornehme

5.26 **Ritter:** Adelstitel

5.33 **holdselig:** anmutig, liebreizend; freundlich gesinnt

6.12 **den Blöden:** den Schüchternen, Zaghaften

8.20 **Bachus:** Bacchus; römischer Gott des Weines und der Fruchtbarkeit

9.3 **Lohe:** hier: Glut

9.6 **Zauberring:** Bannkreis

11.11 **in reichem Geschmeide:** mit wertvollem Schmuck

12.35 **fast:** sehr

13.27 **Schmachthahn:** Wortneuschöpfung Eichendorffs; abfällige Bezeichnung für jemanden, der übermäßig sentimentalen Gedanken nachhängt

einen Renommisten: einen Angeber

Melancholie: Schwermut

14.30 **Zither:** Zupfinstrument

15.2 **Buchensaal:** Wald aus Buchen

16.23 **schreckhaft:** erschreckend, schreckenerregend

17.15 **presshaft:** veraltet für: gebrechlich

17.29 **Fortunaton:** alte Dativ- und Akkusativform von Fortunato

18.19 **Plunder:** wertlose, unnütze Gegenstände

19.16 **Sphinxen:** in Anlehnung an ägyptische Steinbilder oft in der Gartenkunst verwendete steinerne Figuren mit Löwenkörper und Menschen- oder Widderkopf; in der griechischen Mythologie weibliches Ungeheuer, das den Menschen Rätsel aufgab. Wer die Antwort nicht wusste, wurde von der Sphinx verspeist.

19.23 **zweifelhaft:** zweifelnd, unschlüssig

20.3 **hin und wieder:** hin und her

21.13 **Najaden:** in der griechischen Mythologie Nymphen (junge Frauen), die über Quellen, Bäche, Weiher und Seen wachen

21.14 **Klause:** hier: eingehegter Platz; eigentlich: abgeschiedener Aufenthaltsort eines Einsiedlers

21.15 **buhlerisch:** unsittlich, unzüchtig

21.33 **Bildereien:** Wandbilder, Reliefs

22.1 **auf den […] Säulenknäufen:** auf den Säulenkapitellen (obere, kunstvoll verzierte Teile einer Säule)

23.25 **Kaskaden:** stufenförmige, oft künstlich angelegte Wasserfälle

23.26 **Grotten:** natürliche oder vom Menschen angelegte Höhlen; Gestaltungselemente eines Ziergartens

23.32 **künstlich:** veraltet für: kunstvoll

24.7 **Unbefriedigt:** Unzufrieden

24.29 **Frau Base:** Kusine; Tante

25.11 f. **geklemmter:** beklommener

25.25 **Müßig:** Mit Muße, gemütlich

25.27 **schöngeputzte:** herausgeputzte, schön gekleidete

26.33 **Larve:** Gesichtsmaske

27.34 **Gauklerin:** Spielerin, Schauspielerin

27.35 **Schildereien:** Wandbilder, Reliefs

29.2 **verwacht:** übernächtigt

31.18 **halbkenntlich:** nur zur Hälfte erkennbar, fast unkenntlich

34.12 f. **Hieroglyphe:** Bilderschriftzeichen der alten Ägypter; allgemein: schwer entzifferbares Bildzeichen

34.27 **Florion:** alte Dativ- und Akkusativform von Florio

35.23 **Anger:** veraltet für: Wiese

36.10 **heidnischer Tempel:** antike, nichtchristliche Kultstätte

37.36 **Gemächer:** vornehme Zimmer, Wohnräume

38.22 **Bildsäulen:** Statuen, Standbilder

38.25 **Historien:** bildhafte Darstellungen geschichtlicher Ereignisse

39.12 **Karossen:** prunkvolle Gefährte, Kutschen

39.13 **Kavaliers:** Ritter, (junge) Adlige, Edelleute

39.17 **Heeresfahrten:** eigentlich: Kriegszüge, gemeint sind hier: Bildungsreisen junger Adliger

40.11 f. **Fenstergesimse:** Fensterbrett

40.34 **schwerverhaltenen:** kaum zurückgehaltenen

41.31 **Blendwerk:** Täuschung, Trug

42.31 **Nachsinnen:** Nachdenken, Grübeln

43.15 **Oheim:** Onkel

44.23 **Plan:** Ebene

45.4 **Lenz:** poetisch für: Frühling

45.20 **Diana:** in der römischen Mythologie Göttin der Jagd

45.21 **Neptunus:** in der römischen Mythologie Gott des Meeres

46.14 **Kluft:** Felsspalte

47.1 **Anfechtungen:** Versuchungen, Verlockungen

48.5 **erquickt:** neu belebt, gestärkt, erfrischt

48.8 **Pietron:** alte Dativ- und Akkusativform von Pietro

3 Schnellcheck

Übersicht 1: Zeitliche Abfolge der Ereignisse

Übersicht 2: Personenkonstellation

Übersicht 3: Äußere Charakterisierung der Figuren

Übersicht 4: Florio zwischen Venus und Bianka

Übersicht 5: Entwicklung Florios und Biankas

Übersicht 6: Motive der Romantik

Übersicht 7: *Das Marmorbild* zwischen Märchen und Novelle

Übersicht 1: Zeitliche Abfolge der Ereignisse

1. Tag (Freitag)	• Florio reist in die italienische Stadt Lucca. • Er lernt den Sänger Fortunato und die schöne Bianka kennen, der er sich bei einem Fest nähert und die er küsst. • Ritter Donati kommt hinzu, stört das Fest und gibt vor, Florio zu kennen. • Florio ist aufgewühlt, geht ins Freie und sieht im Park eine Venusstatue, von der er glaubt, dass sie zum Leben erwacht. Er ist fasziniert, aber auch verstört von diesem Ereignis.
2. Tag (Samstag)	• Fortunato warnt Florio vor Liebesschwärmereien; doch Florio ist im Bann des Marmorbildes. • Er irrt umher und findet im Garten die lautenspielende schöne Dame. • Donati erwacht aus dem Schlaf und verspricht, ein weiteres Treffen mit der Dame zu arrangieren.
3. Tag (Sonntag)	• Donati lädt Florio zur Jagd ein, was dieser jedoch ablehnt. • Fortunato lädt ihn für den kommenden Tag zum Maskenball ein.
4. Tag	• Auf dem Maskenball trifft Florio eine junge Frau, die als Griechin verkleidet ist und ihm eine Rose gibt. • Er sieht dann eine zweite Griechin, die genau wie die erste aussieht. Ihr folgt er nach draußen, wo sie ein Lied singt. • Abgelenkt verliert er die „Griechin" aus den Augen. Als er wieder auf sie trifft, erfragt er ihren Namen. Sie verweigert jedoch die Auskunft, es wird aber deutlich, dass es sich um Venus handelt, was Florio in Schrecken versetzt. • Beim späteren Zusammentreffen mit Bianka verhält sich Florio abweisend, was diese enttäuscht.
Nach mehreren Tagen	• Florio ist im Palast der schönen Dame zu Gast. Diese flirtet mit ihm und beginnt ihn zu verführen. • Als Florio „ein altes frommes Lied" hört, entzieht er sich dem Verführungsversuch der Venus, der Zauber bricht und das Schloss und der Park verwandeln sich in eine Ruine und einen verwilderten Garten zurück. Die Venus wird wieder zur Marmorstatue. • Ihre Schönheit hat in Florios Herzen eine „unendliche Wehmut" (42.34) zurückgelassen.
Neuer Tag	• Florio bricht auf, um Lucca zu verlassen. • Er trifft auf drei Reiter: Fortunato, Pietro und einen „Knaben". • Fortunato berichtet von gefährlichen Verlockungen durch die Ruine am Wegesrand und von der Rolle der Venus. Ihr stellt er ein „andres Frauenbild" (46.4) gegenüber: die Gottesmutter Maria mit dem Kind. • Das bewegt Florio so sehr, dass er vorausreitet und Gott in einem Lied für seine Rettung dankt. • Er erkennt nun in dem „Knaben" Bianka, bemerkt ihre Schönheit und gesteht ihr, er sei wie neu geboren und möchte nie mehr von ihr scheiden.

Übersicht 2: Personenkonstellation

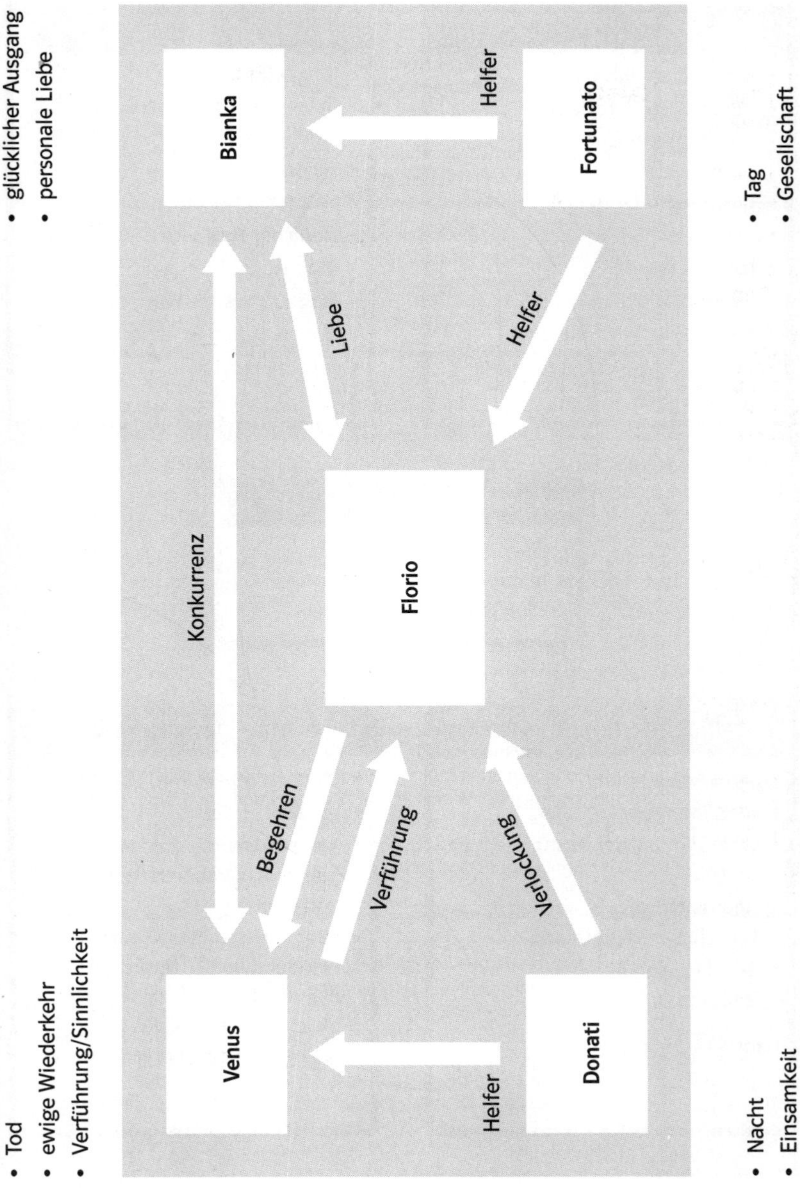

Übersicht 3: Äußere Charakterisierung der Figuren

Fortunato

- schlank, anmutig
- dunkelbraune Locken
- große, geistreiche (seelenvolle) Augen
- gutmütiges Lächeln
- klare Züge
- frisches Wesen
- kecke Lustigkeit
- klare fröhliche Stimme
- aber auch: gereizt, „schimpfte lustig“ (13.25)

Bianka

- jung, schüchtern, in Liebesdingen unerfahren
- kindliche Gestalt
- schöne Locken
- „Köpfchen“ (7.17)
- zierlicher Hals
- schöne, große Augen,
- lange, schwarze Wimpern
- dunkelglühende Blicke
- rote, heiße Lippen

Florio

- schöner Jüngling
- junge, blühende Gestalt
- scheu, still und schüchtern

Donati

- tiefe Augenhöhlen
- irrer, flammender Blick
- wirkt dämonisch, hastig und wild
- aber auch: ausgesprochen höflich, beredt, lächelnd
- ausnehmend bemüht, anderen zu gefallen

Venus

- „reich und gewaltig“ (22.20 f.)
- goldenes Haar
- geschmückt mit goldenen Spangen, kostbaren Stoffen und Blumen
- aber auch: weißes Antlitz, blendendweißer Nacken, blendendweiße Achseln, bleich und regungslos, steinerne Augenhöhlen

Übersicht 4: Florio zwischen Venus und Bianka

Venus ist anzutreffen:
- in der Nacht
- in der Einsamkeit

Sie steht für:
- Tod
- ewige Wiederkehr
- Verführung und Sinnlichkeit

Sie verkörpert:
- Untergang
- Gottesferne
- „heidnische Gottheiten"
- Antike

Bianka ist anzutreffen:
- am Tag und am Abend
- in geselliger Runde

Sie steht für:
- Leben
- Glück
- persönliche Liebe

Sie verkörpert:
- glückliches Ende der Geschichte
- Gottesnähe
- Christentum
- Mittelalter

Übersicht 5: Entwicklung Florios und Biankas

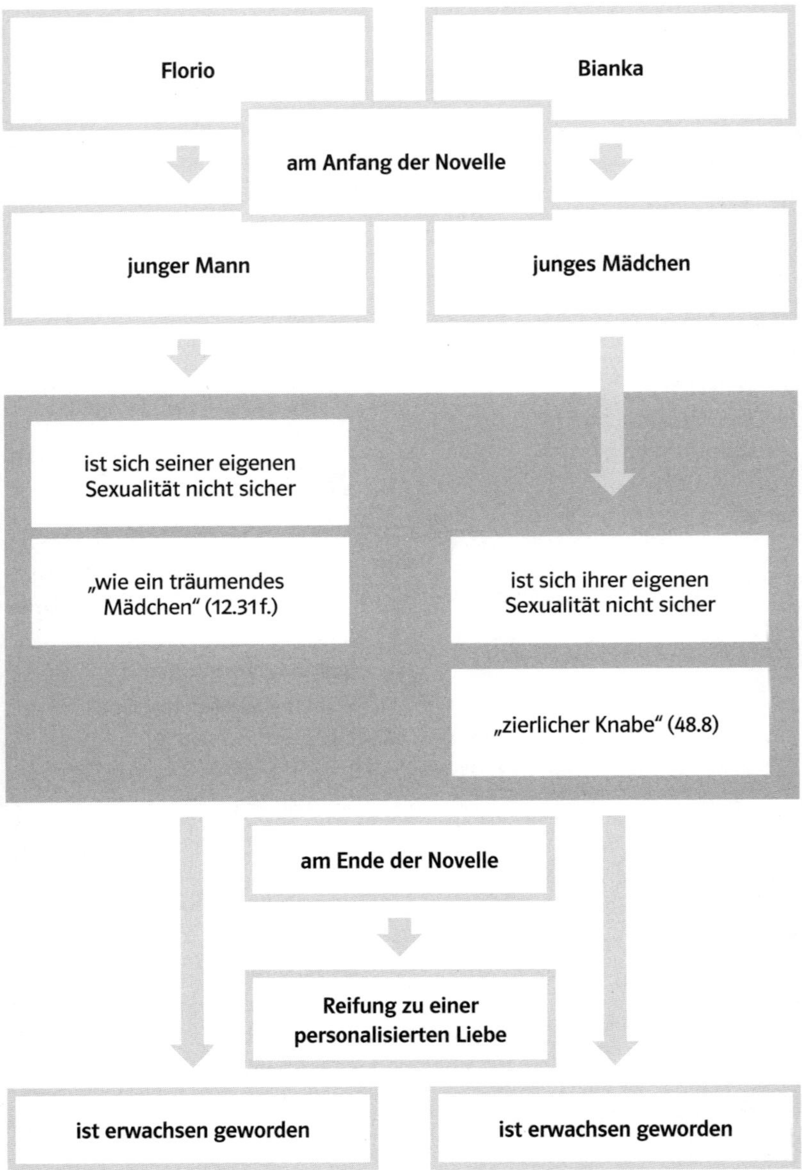

Übersicht 6: Motive der Romantik

Die aufgeklärte Welt wird als gefühlskalt wahrgenommen, drängt Geheimnisse und Träume sowie die Psyche, vor allem deren dunkle Seiten, in den Hintergrund, also all das, was den Menschen auch ausmacht.

- Rationalität
- Technisierung
- Wissenschaftlicher Fortschritt

Mittelalter, Lieder, Sagen, Natur, Sehnsucht, Märchen, Weltflucht, volkstümliche Stoffe, Traum, Fernweh, Mystizismus, Todessehnsucht

- Abwendung von der kapitalistischen gewinnorientierten Arbeitswelt

Ziel der Literatur:
Die Welt in ihren komplexen Beziehungen und übergreifenden Zusammenhängen erfahrbar zu machen → Idee einer „Universalpoesie" (Friedrich Schlegel)

Das Marmorbild
als programmatischer Text der Romantik

Übersicht 7: *Das Marmorbild* zwischen Märchen und Novelle

	Märchen
Einleitung	• Häufige Einleitungsphrase „Es war einmal …“
Bezug zur Wirklichkeit	• Meist in einer wunderbaren, unwirklichen Welt angesiedelt, • kein Bezug zur Realität
Zeit der Handlung	• Keine genauen Zeitangaben
Ort der Handlung	• Unbestimmte, nicht genau benannte Orte
Form	• Chronologisch auf das Ende hin erzählt
Höhepunkt, Wendepunkt	• Auf das Ende hin komponiert
Figuren	• Neben Menschen oft Wesen aus wunderbaren Welten, z. B. Riesen, Zwerge, Feen, Hexen

Novelle	*Das Marmorbild*
• Oft offener Anfang	• „Es war ein schöner Sommerabend ...“
• Glaubhaft in der wirklichen Welt verankert, • jedoch mit einer „unerhörten Begebenheit“, einem außergewöhnlichen Ereignis im Mittelpunkt	• Die Handlung ist in der Realität angesiedelt; • teilweise spielt sie aber auch in einer wunderbaren Welt (in Träumen?).
• Oft recht genaue Zeitangaben, je nach Erfordernis	• Keine genauen Zeitangaben, • aber durch den Hinweis auf den „Sonntag“ sind andere Wochentage zum Teil erschließbar; durch Anspielungen auf Kleidung, Gebräuche und Lebensweise ist als ungefähre Zeit der Handlung das späte Mittelalter anzunehmen.
• Oft recht genaue Ortsangaben, je nach Erfordernis	• Lucca (Italien) und das umliegende Gebiet (Toskana)
• Strenge, geschlossene Form, dem traditionellen Drama ähnlich	• Geschlossene Form, • fünf Handlungsabschnitte, auch formal kenntlich gemacht; • keine Rückblenden
• Häufig gibt es einen Höhe- oder Wendepunkt, • oft handelt es sich dabei um einen Schicksalseinbruch im Leben der Hauptfigur.	• Höhepunkt im vierten Abschnitt • Die Verführungsszene und ihr Abbruch bewirken einen Entwicklungsschub bei Florio und eine Neuorientierung seines Lebens.
• Menschen aus dem realen Leben, oft besondere Charaktere	• Menschen aus dem realen Leben wie Florio, Bianka und Fortunato, • aber auch Wesen, die in Traumwelten verortet sind wie Venus und Donati

	Märchen
Rolle der Hauptperson	• Muss eine ihm gestellte Aufgabe lösen
Gegenspieler/in der Hauptperson	• Meist ein(e) bösartige(r) Gegenspieler(in)
Sprache	• Teilweise floskelhafte „Märchensprache" mit eingestreuten Sprüchen, Liedern und Versen
Zahlensymbolik	• Magische Zahlen spielen eine wichtige Rolle für das Verständnis (z. B. 3, 7).
Leitmotive, Dingsymbole	• Häufiges Vorkommen von Leitmotiven (z. B. Geschwister, Armut), • keine Dingsymbole
Ausgang der Handlung	• Meist glückliches Ende

Novelle	*Das Marmorbild*
• Erlebt etwas, das sein/ihr Leben entscheidend beeinflusst oder in eine neue Richtung lenkt	• Zeigt die Entwicklung Florios vom naiven jungen Mann zum Erwachsenen
• Die Handlung erfordert meist keine(n) Gegenspieler(in).	• Die Gegenspieler Florios (und damit auch Fortunatos und Biankas) sind Venus und Donati.
• Die Sprache ist dem Thema sowie der Zeit, in der die Novelle spielt, angepasst. • Oft handelt es sich um Alltagssprache.	• Bildhafte Sprache, • Verknüpfung verschiedener Sinneseindrücke (Synästhesien), • volksliedhafte Elemente
• Zahlen spielen nur eine Rolle, soweit sie zu den Leitmotiven gehören.	• Die Zahl Drei kommt im Zusammenhang mit Florio im Lustgarten, in den Warnungen Fortunatos vor der Venus und Störungen der Begegnungen zwischen Florio und Venus vor.
• Leitmotive und Dingsymbole lenken das Verständnis.	• Häufiges Vorkommen von Leitmotiven (z. B. Augen, Blumen, Luft); • das Marmorbild hat die Funktion eines Dingsymbols.
• Die Qualität des Schlusses richtet sich nach der Handlung.	• Happy End: Florio und Bianka werden ein Paar und wollen für immer zusammenbleiben.

Das Marmorbild von Joseph von Eichendorff zeigt typische Kennzeichen des Märchens, mehr aber noch die Kennzeichen der Novelle.

4 Prüfungsaufgaben und Lösungen

1. Die Entwicklung Florios
2. Die Rolle Fortunatos
3. Der Novellenanfang
4. Florio zwischen Donati und Fortunato
5. Der Sirenentraum
6. Formale und sprachliche Gestaltungsmittel
7. Bianka und Venus – ein Vergleich

1. Die Entwicklung Florios

Aufgabenstellung

1.1 Wie entwickelt sich Florio?
1.2 Wer ist an dieser Entwicklung beteiligt?

Lösungsvorschlag

Zu 1.1

- Florio ist zu Beginn der Novelle ein unerfahrener junger Mann, der auf Reisen geht, um eine nie gekannte Freiheit zu erleben (vgl. 4.2–4).
- Obwohl er Sänger werden will bzw. sich als Sänger fühlt, erkennt er Fortunato nicht, der zu seiner Zeit ein bereits sehr bekannter Sänger ist und den er auch selbst, dem Namen nach, gut kennt.
- Aufgrund seiner Unerfahrenheit im Umgang mit anderen Menschen zeigt sich Florio als schüchtern. Dies wird deutlich, als ihn Fortunato anspricht. Auf die Frage, welche Geschäfte er habe, antwortet Florio, er habe keine Geschäfte (vgl. 3.20), woraufhin sich die Unterhaltung über die Poeten anschließt.
- Florios Schüchternheit zeigt sich auch im Umgang mit Frauen, wie die Szene mit dem Federball spielenden Mädchen beweist. Auch hier ist er alles andere als selbstsicher und selbstbewusst.
- Vom Erzähler wird Florio am Anfang auch als Blöder (vgl. 6.12) bezeichnet, was genau dies meint: er ist schüchtern und unsicher im Umgang mit anderen Menschen.
- Seine Schüchternheit zeigt sich auch beim Fest am ersten Abend, als er einen Trinkspruch auf seine Liebste ausbringen soll. Zwar hat er noch gar kein Mädchen, das er besingen könnte, doch Bianka freut sich über seine Worte, mit denen er sie meint und mit denen sie sich gemeint fühlt.
- In der Nacht nach dem Fest ist Florio verliebt. Er weiß das nur noch nicht, da ihm die Erfahrung fehlt. Da es ihn aber nicht in seinem Zimmer hält, nimmt er die Gitarre Fortunatos und geht nach draußen, wo er im Park vor sich hinsingt, ohne zu wissen, wem sein Liebeslied eigentlich gilt. Da ihm selbst auffällt, dass das eigentlich eine paradoxe Situation ist, muss er über sich selbst lachen.
- Im Park sieht er das Marmorbild, das sich in seiner Phantasie belebt und das er nun begehrt.
- Fortunato erkennt als lebenserfahrener Mann am nächsten Morgen sofort, dass Florio sich verliebt hat, weiß aber nicht in wen. Er weiß auch nicht, dass die Verliebtheit eine Grundstimmung Florios ist, die noch wenig zielgerichtet ist.

- Florio sucht nun gezielt nach der schönen Dame aus dem Park und findet sie in ihrem Lustgarten, wo sie zur Laute singt. Florio kann aber nicht zu ihr vordringen.
- Er sehnt sich immer mehr nach der schönen Dame, die für ihn lustvolle Sexualität verkörpert. Beim Maskenball entdeckt er sie wieder, doch sie entzieht sich ihm. Erst später gelingt es ihm, Zugang zu ihrem Palast zu erlangen. Dort kommt es dann zur Verführungsszene, die aber durch Fortunatos Gesang gestört wird.
- Florio ist verzweifelt und hat Selbstmordgedanken. Er beschließt aus Lucca abzureisen. Dabei stößt er wieder auf Fortunato, Pietro und Bianka, die er nicht erkennt, weil sie wie ein junger Bursche gekleidet ist. Erst nachdem er von Fortunato über die Zusammenhänge aufgeklärt wird und damit neuen Lebensmut gewinnt und Gott preist, erkennt er Bianka als seine Liebe. Die letzten Worte deuten darauf hin, dass die beiden ein Paar werden. Florio ist also erwachsen geworden, er kann eine Beziehung eingehen.

Zu 1.2
- An Florios Entwicklung sind letztlich alle Figuren der Novelle beteiligt.
- Vor allem Fortunato ist angelegt als eine „Helferfigur", die Florio in entscheidenden Momenten zur Seite steht. Das geschieht mithilfe der Lieder (z.B. das erste Lied, das schon die Probleme vorhersagt und davor warnt), aber auch durch sein sonstiges Handeln.
- Beteiligt ist außerdem die schöne Dame/Venus, die die sexuelle Begierde in Florio hervorruft, ohne sie letztlich stillen zu können.
- Auch Ritter Donati ist beteiligt, da er die Bemühungen der schönen Dame unterstützt.
- Beteiligt ist auch Bianka, die die Liebessehnsucht, die in Florio offenkundig wird, in die richtige, auf sie personalisierte, Richtung lenkt.
- Bianka selbst ist durch ihr Wesen, ihre Persönlichkeit, die Florio von Anfang an anspricht, ebenfalls maßgeblich daran beteiligt, dass er sich vom unerfahrenen jungen Mann zum verantwortungsvollen Partner entwickelt.

2. Die Rolle Fortunatos

Aufgabenstellung

2.1 Welche Rolle nimmt der Sänger Fortunato in Eichendorffs Novelle ein?
2.2 Wer ist sein Gegenspieler?

Lösungsvorschlag

Zu 2.1

- Fortunato ist ein Helfer Florios, der in entscheidenden Momenten während dessen Aufenthalt in Lucca in sein Leben eingreift und ihn vor Schlimmerem bewahrt.
- Er spricht Florio an, als sie beide auf Lucca zureiten. Fortunato ist es auch, der ihn in die Gesellschaft dort einführt und dafür sorgt, dass Florio Anschluss findet. Dies zeigt sich im **ersten Abschnitt** der Novelle.
- Fortunato gibt hier sein erstes Lied zum Besten, mit dem er Florio vor Venus warnt.
- Zu Beginn des **zweiten Abschnitts** merkt Fortunato sofort, dass Florio verliebt ist.
- Er macht sich über ihn lustig, rät ihm aber auch, einen kühlen Kopf zu bewahren.
- Im **dritten Abschnitt** setzt er der Einladung Donatis, der Florio zur Jagd am Sonntag mitnehmen möchte, eine Einladung für den folgenden Tag zu einem Maskenball entgegen. Dieser Einladung folgt Florio schließlich.
- Bei diesem Maskenfest zeigt sich wieder, dass Fortunato um das Wohl Florios besorgt ist, denn er ist immer um ihn herum, wenn auch oft verkleidet.
- Am Ende des Abends bringt Fortunato Florio wieder mit Bianka zusammen. Diese Begegnung verläuft aber für das Mädchen enttäuschend, weil Folio nur seinen Gedanken an die schöne Dame nachhängt und Bianka gar nicht zur Kenntnis nimmt.
- Im **vierten Abschnitt** spielt Fortunato eine entscheidende Rolle: Er singt in einem Kahn auf dem See vor den Gemächern der schönen Dame ein „altes frommes Lied“, das Florio an seine Kindheit erinnert. Damit ist dieser abgelenkt und besinnt sich auf die Werte, die ihm anerzogen wurden. Das stört die Situation, in der die schöne Dame Florio verführen will. Aus der ersehnten Verführung wird nichts, die Venuswelt fällt in sich zusammen und löst sich auf.
- Auch im **fünften Abschnitt** kommt Fortunato noch einmal vor, nämlich als er mit Pietro und Bianka aus Lucca wegreitet und dabei wieder auf Florio trifft. In dieser Szene kommentiert er das vergangene Geschehen. Er

erklärt, was es mit dem Palast der Venus auf sich hat, der jetzt als Ruine für die Reitenden sichtbar ist. Auch hier bedient sich Fortunato eines Liedes, in dem er der Venus ihr christliches Gegenbild, die Gottesmutter Maria, gegenüberstellt.

- Er berichtet auch, dass er erst kürzlich am Weiher im Park gewesen sei, was die Situation für Florio aufklärt. Dieser weiß jetzt mit Sicherheit, dass es Fortunato war, der dort gesungen und ihn vor der Venus bewahrt hat. Das hilft ihm wiederum, mit sich selbst ins Reine zu kommen, und führt letztlich dazu, dass er Bianka erkennt und sich zu ihr bekennen kann.

Zu 2.2

- Der unmittelbare Gegenspieler Fortunatos ist Ritter Donati.
- Deutlich sichtbar wird dies schon in der ersten Szene am Abend in Lucca, wo Florio sich in der abendlichen Gesellschaft wohl fühlt, die Stimmung dann aber durch Donatis Auftreten gestört wird.
- Donati erweist sich auch als Gegenspieler, als er Florio am Sonntag zur Jagd einladen will, was dieser als gläubiger Christ ablehnt. Die Einladung Fortunatos für den Maskenball am folgenden Tag nimmt er hingegen an.
- Insgesamt kann man feststellen, dass Fortunato ein Helfer Florios ist, ebenso wie Donati ein Helfer der Venus ist.

3. Der Novellenanfang

Aufgabenstellung

3.1 Beschreiben Sie den Anfang der Novelle (3.1–18) im Hinblick auf Inhalt, Sprache und Figurencharakterisierung.
3.2 Interpretieren Sie die Textstelle im Hinblick auf den weiteren Gang der Handlung.

Lösungsvorschlag

Zu 3.1

- Die Novelle beginnt mit den Worten „Es war ein schöner Sommerabend…“, was an die typische Anfangsformel von Märchen erinnert.
- Dazu passt auch das Szenario: Ein junger Edelmann mit dem fremdländischen Namen Florio tritt auf, er reitet auf eine Stadt zu, die man dem Namen nach kennt: Lucca, in der Toskana gelegen und damit so weit entfernt, dass das Erzählte nicht direkt nachprüfbar ist, aber doch so nah, dass der Leser zumindest eine gewisse Vorstellung davon hat. Die Assoziationen mit Italien sind meist vielfältig: fröhliche Stimmung, heitere Menschen, einfaches Leben, Sonne und Meer, ein Sehnsuchtsort der Deutschen schon seit Jahrhunderten.
- Das alles passt zu dem, was Eichendorff im ersten Abschnitt schildert: der feine Duft, die wunderschöne Landschaft, Menschen, die „bunt“ wirken und als „zierlich“ beschrieben werden.
- Der Eindruck von räumlicher und zeitlicher Ferne wird durch die Beschreibung des ankommenden Reiters, Fortunato, im zweiten Abschnitt verstärkt. Hier ist die Rede von bunter Tracht, einer goldenen Kette, einer samtenen Kopfbedeckung mit Federn.
- Auffallend ist die Wiederholung des Adjektivs „zierlich“ (bezogen auf die „Damen und Herren“ sowie auf das Pferd des Fremden, einen Zelter). Dem Wort „zierlich“ wohnt etwas Unverbindliches, Vages inne: nicht klein, nicht groß, nicht herausragend schön, aber doch ansehnlich.
- Wiederholt kommt auch das Adjektiv „bunt“ vor: Als „bunt“ werden sowohl die Züge der Menschen als auch die Tracht des fremden Reiters bezeichnet. Eine genaue Beschreibung geht damit nicht einher. Man erfährt nicht, welche Farben beteiligt sind, welche dominieren, wofür diese Farbgebung steht usw. Auch hier wird nur ein vager Sinneseindruck vermittelt, den der Leser für sich individuell ausgestalten kann.
- Im Hinblick auf die weitere sprachliche Gestaltung ist auffällig, dass Eichendorff die Novelle mit einem langen Satz einleitet, der einen ganzen Absatz umfasst. Die Satzlänge ergibt sich aus der Verwendung einer Appo-

sition und mehrerer nachgestellter Erläuterungen. Der Hauptsatz lautet: „Es war ein schöner Sommerabend". Dieser ist durch einen Nebensatz erweitert. Der Nebensatz beinhaltet eine Apposition, die Florio näher bestimmt („ein junger Mann"). Die nachgestellten Erläuterungen füllen dann den Rest des Satzes und dienen der Beschreibung der Landschaft und der sich darin bewegenden Menschen.

- Dabei ist auffallend und wohl dem Eichendorffschen Stil geschuldet, dass sich innerhalb der Ergänzungen zwei Präsenspartizipien („erfreuend" und „fröhlichschwärmend") finden, die wiederum die Leichtigkeit in der Stimmung dieses „schönen" Sommerabends betonen.
- Die beiden Männer werden nicht genau beschrieben. Von Florio erfährt man nur, dass er ein „junger Edelmann" ist. Auch hier bleibt es dem Leser überlassen, das nicht Genannte in seiner Phantasie zu ergänzen. Von dem „anderen Reiter", Fortunato, erfährt man hier nicht einmal den Namen, nur ein paar Versatzstücke seines Aussehens: bunte Tracht, goldene Kette, samtenes Barett mit Federn, dunkelbraune Locken, freundlich, schlank, „frisches, keckes Wesen", fröhliche Stimme – eine anmutig wirkende Person.
- Insgesamt lässt sich feststellen, dass in den ersten Absätzen der Novelle keine genauen Beschreibungen vorgenommen werden, dass es keine realistische Schilderung des Szenarios gibt. Es werden lediglich die Äußerlichkeiten (Örtlichkeit, Personen usw.) stichwortartig umrissen; diese sollen Stimmungen hervorrufen, die die Leser für sich ausfüllen können. Dabei sind unverbindliche Anklänge an die Gattung Märchen sicherlich gewollt.

Zu 3.2

- Im Anfangsszenario ist schon vieles angelegt, was im späteren Verlauf der Novelle von Bedeutung ist.
- Das gilt für die Personen, die Landschaft und die Stimmung der Handlung.
- Florio wird als junger Mann vorgestellt, was mit Unerfahrenheit in Verbindung gebracht werden kann. Dass er in sexuellen Dingen unerfahren ist, bestimmt den gesamten Gang der Handlung, weil er sich dadurch leicht verführbar und teilweise zu wenig reflektiert zeigt.
- Der Eindruck, den der zweite Reiter, Fortunato, beim Leser hinterlässt, dürfte mit dem Wort „freundlich" angemessen umschrieben sein. Diese hier nur angedeutete Freundlichkeit erscheint als ein Charaktermerkmal, das Florio noch manchmal zugutekommen wird. Denn Fortunato meint es immer ehrlich mit ihm und wenn er in der Situation, als Venus ihn verführen will, ein frommes Lied anstimmt und damit Florio aus dem inneren Gleichgewicht bringt, so dass die Verführungsszene unterbrochen wird, entspringt das genau diesem Charakterzug.

4. Florio zwischen Donati und Fortunato

Aufgabenstellung

4.1 Untersuchen Sie den Aufbau des Textauszugs 24.11–25.33.
4.2 Interpretieren Sie die Textstelle im Hinblick auf die Darstellung der Figuren.

Lösungsvorschlag

Zu 4.1

- Der Textauszug ist dreigeteilt. Im ersten Teil steht Ritter Donati mit einer Einladung zur Jagd im Mittelpunkt, im zweiten Teil Fortunato mit der Einladung zum Maskenball. Der dritte Teil zeigt Florios Kirchgang.
- Einleitend wird zu Beginn des Textauszugs Florios Gemütsverfassung beschrieben. Er ist vergnügt, freut sich über den sonnigen Morgen und nimmt die vor ihm leuchtende Stadt wahr, als er aus dem Fenster sieht.
- Donati kommt zu Florio in dessen Zimmer in der Herberge. Er sieht aus wie immer: schwarz gekleidet, „verstört, hastig und beinah wild". Florios Reaktion ist entsprechend. Zwar freut er sich, Donati zu sehen, weil er hofft, dieser würde ihn zu der schönen Dame bringen, zugleich erschrickt er über dessen Auftreten und Aussehen. So erklärt sich auch die Feststellung des Erzählers: „Florio erschrak ordentlich vor Freude."
- Donati erklärt jedoch, die schöne Dame habe keine Zeit, es sei ja Sonntag, er würde aber Florio zur Jagd abholen. Dies wiederum kann Florio nicht verstehen, da nach kirchlichen Bräuchen am Sonntag keine Jagd betrieben werden durfte („heute am heiligen Tage?").
- Donati zeigt sich nun von seiner dunklen Seite, wenn er dem verwunderten jungen Mann mit Spott begegnet, den er auch körperlich spürbar zum Ausdruck bringt, indem er sich „mit einem ingrimmigen, abscheulichen Lachen" über christliche Bräuche lustig macht („Ihr wollt doch nicht etwa mit dem Büchlein unterm Arm zur Kirche wandern und im Winkel auf dem Fußschemel knien und andächtig Gotthelf sagen, wenn die Frau Base niest").
- Dabei wird deutlich, wie Donati zur christlichen Kirche steht: Aussagekräftig ist, dass er, um das Gesangbuch, vielleicht sogar die Bibel zu bezeichnen, die Verniedlichungsform „Büchlein" wählt. Auch dass er nicht wertfrei sagt „zur Kirche gehen", sondern „zur Kirche wandern", als wäre das mit enormem Aufwand verbunden, was in Lucca aber nicht so sein dürfte, zeigt, wie tendenziös Donatis Aussagen sind. Dass Florio das Niesen einer Verwandten „andächtig" kommentieren würde, verdeutlicht die Geringschätzung, die Donati der Kirche und dem Glauben entgegenbringt.

- Florio zeigt sich konsterniert über das Verhalten Donatis („Ich weiß nicht, wie Ihr das meint"), lehnt aber die Einladung zur Jagd ab, woraufhin Donati das Zimmer verlässt.
- Der zweite Teil des Textauszugs ist der Begegnung Florios mit Fortunato gewidmet. Florios Stimmung wird deutlich besser, als Fortunato zu ihm kommt, es wurde ihm „recht heimatlich zumute".
- Auch Fortunato bringt eine Einladung, nämlich zu einem Maskenball, der am darauffolgenden Tag stattfinden soll. Er stellt Florio in Aussicht, dort eine „alte Bekannte" zu treffen. Wiederum hofft Florio, es würde die schöne Dame sein, was Fortunato weder leugnet noch bestätigt. Er lässt Florio im Ungewissen, was Florios Phantasie anregt und dazu führt, dass „sein Herz heftig schlug".
- Auffallend ist, dass Florio nun schon mit weniger Freude reagiert als noch bei der Ankunft Donatis. Es heißt hier nur noch: „Florio erschrak ordentlich." Dies macht deutlich, dass er noch immer die Situation völlig falsch einschätzt. Eigentlich sollte er sich über Fortunatos Kommen freuen und bei der Ankunft Donatis erschrecken – hier ist es aber umgekehrt.
- Im dritten Teil wird der Kirchgang Florios beschrieben. Wohl aus christlicher Gewohnheit geht er sonntags zur Kirche, kann aber diesmal nicht beten, weil er „zu fröhlich zerstreut" ist. Die Vorfreude auf ein eventuelles Wiedersehen mit der schönen Dame lenken ihn vom Gottesdienst ab.
- Insgeheim hofft Florio sogar, sie in der Kirche anzutreffen, aber die erlebte Rede „Aber ach! Die Schönste war nicht unter ihnen!" zeigt, dass er auch hier die Situation völlig falsch einschätzt.
- Als er schließlich die Kirche verlässt und das Haus sucht, in dem er am Abend zuvor die Stimme der schönen Dame glaubte gehört zu haben, findet er dies nicht bewohnt – wieder ein Anzeichen für seine Fehleinschätzung der Lage.

Zu 4.2

- In der vorliegenden Textstelle lernt der Leser die auftretenden Figuren recht gut kennen, indem diese quasi antithetisch gegenübergestellt sind.
- Da ist zuerst einmal Ritter Donati. Er ist äußerlich charakterisiert wie immer: „schwarz gekleidet, er wirkt „verstört, hastig und beinah wild", legt ein „ingrimmige[s], abscheuliche[s] Lachen" an den Tag und macht sich über Florio lustig, als dieser religiöse Bedenken gegen einen Jagdausflug am Sonntag geltend macht.
- Donati kann mit religiösen, christlichen Gebräuchen nichts anfangen, sie entsprechen nicht den von ihm vertretenen Werten und so „schaudert" er, als er in die Sonntagsstille hinausschaut.
- Als dann die Kirchenglocken läuten, von denen es heißt, dass sie wie ein Beten durch die „klare Luft" hallten, wirkt Donati wie „erschrocken" und verlässt fluchtartig Florios Zimmer in der Herberge.

- Fortunato scheint eine Gegenwelt zu Donatis Welt zu verkörpern. Der „frische klare Sänger“ wirkt wie „ein Bote des Friedens“. Er wird als „lustig“ beschrieben und weckt heimatliche Gefühle in Florio.
- Auch er bringt eine Einladung zu einem Vergnügen, dieses soll aber nicht am Sonntag, sondern erst am folgenden Tag stattfinden, so dass Florio kein Problem damit hat, diese Einladung anzunehmen.
- Florio ist hin- und hergerissen und sich seiner Sache überhaupt nicht sicher. Das zeigt sich in den Gefühlen, die in ihm offenbar werden, als Donati bzw. Fortunato bei ihm erscheinen.
- Wenn er Donati sieht, heißt es: „Florio erschrak ordentlich vor Freude“; bei der Ankunft Fortunatos heißt es nur: „Florio erschrak ordentlich“. Dies zeigt, dass Florio die beiden Männer und ihre Rolle völlig falsch einschätzt, dass er mit seinen Gefühlen nicht umgehen kann, denn dass er bei Fortunato „heimatliche“ Gefühle verspürt, blendet er völlig aus.
- Florio denkt aber über solche Assoziationen nicht nach. Ihm geht es nur darum, die schöne Dame zu treffen. Das ist es, was er sich von den beiden Männern und den von ihnen überbrachten Einladungen erhofft.
- Damit wird deutlich, dass Florio nicht nur bei der Wahrnehmung seiner eigenen Gefühle, sondern auch im Umgang mit anderen Menschen noch immer ziemlich naiv ist.
- Sein anschließender Gang zur Kirche, der nicht seinen Zweck erfüllen kann, weil Florio mit seinen Gedanken ganz woanders ist, macht deutlich, dass er zwar angelernte Verhaltensmuster beibehält, aber diese nicht hinterfragt.

5. Der Sirenentraum

Aufgabenstellung

5.1 Ordnen Sie den Sirenentraum (14.1–9) in die Handlung ein.
5.2 Deuten Sie die Textstelle im Hinblick auf die Florio-Handlung.

Lösungsvorschlag

Zu 5.1

- Florios Traum von den Sirenen kommt im ersten Abschnitt der Handlung vor.
- Folgende Ereignisse gehen diesem Traum voraus:
  - Florio reitet nach Lucca und begegnet Fortunato; in Lucca angekommen trifft Florio auf Bianka, die Federballspielerin.
  - Abends findet vor der Stadt ein Fest statt, bei dem Bianka und Florio sich wiedersehen und einander näherkommen.
  - Auf diesem Fest singt Fortunato ein Lied, in dem er vor der Venus warnt.
  - Ritter Donati kommt hinzu und benimmt sich seltsam. Da er aber vorgibt, Fakten aus Florios Leben zu kennen, vertraut ihm dieser schließlich.
  - Als das Fest zu Ende ist und die Gesellschaft sich auflöst, reiten Donati, Fortunato und Florio in die Stadt zurück.
  - Am Stadttor scheut Donatis Pferd, was einem Volksglauben zufolge Unheil verheißt. Fortunato äußert nun seinen Missmut über den Ritter und reitet mit Florio zur Herberge.
  - Dort angekommen kann Florio lange nicht schlafen, dann träumt er schlecht – eben den Sirenentraum.

Zu 5.2

- Zur Deutung des Sirenentraums ist es notwendig, sich noch einmal ins Bewusstsein zu rufen, wer bzw. was Sirenen sind. Es handelt sich um Wesen mit Vogelleib und Frauenkopf in der griechischen Mythologie, die mit ihrem Gesang jeden Mann betören, verführen und damit in den Untergang schicken können.
- Florios Traum ist also ein Traum von Verführung und Untergang, wie das Sinken des Schiffes im Traum andeutet.
- Zur Deutung dieses Traums lässt sich Folgendes feststellen:
  - Nachdem Florio Bianka getroffen und Donati kennengelernt hat, träumt er von Verführung und Untergang. Doch wer ist wofür zuständig?
  - Der Traum deutet in die Zukunft: Verführung und Untergang könnten auch in den Händen von ein- und derselben Person liegen.

  - Zwar löst der Traum bei Florio kein intensives Nachdenken über dessen Bedeutung aus. Doch selbst wenn er nachgedacht hätte, hätte er nicht wissen können, woher die Gefahr droht.
  - Er hätte allerdings wissen können, dass Gefahr droht. Und diese hätte er bestimmt nicht mit Bianka in Verbindung gebracht, eher mit Donati, der ihm immer wieder unheimlich zu sein schien.
  - Florio reagiert jedoch ganz anders. Er denkt nicht an eine möglicherweise drohende Gefahr, vielmehr vergleicht er – fälschlicherweise – den Gesang der Sirenen mit dem Singen der „ganze[n] Gegend". Diese Analogie ist eine völlige Fehldeutung und zeugt von der Naivität Florios.
  - Florio verlässt dann die Herberge, geht ins Freie und singt ein Liebeslied, ohne zu wissen, welcher Frau es gelten soll.
  - Er trifft bei seinem Spaziergang im Park auf eine marmorne Statue, die sich in seinen Augen belebt. Nun nimmt das Verhängnis seinen Lauf, denn das Marmorbild löst in ihm Assoziationen aus, die schließlich zu Verführung und Untergang führen könnten, würde nicht Fortunato rechtzeitig durch sein Lied eingreifen.
- Abschließend lässt sich der Textauszug dahingehend deuten, dass alles das, was Florio droht, im Traum bereits angelegt ist, der Traum also als Vorausdeutung zu verstehen ist. Durch das Eingreifen Fortunatos und die eigene Rückbesinnung auf die Werte seiner Kindheit kommt Florio jedoch unbeschadet davon, die Verführung wird abgebrochen, der Untergang verhindert.

6. Formale und sprachliche Gestaltungsmittel

Aufgabenstellung

6.1 Welche Merkmale kennzeichnen die Bauform von Eichendorffs Novelle?
6.2 Welche sprachlichen Besonderheiten lassen sich erkennen?

Lösungsvorschlag

Zu 6.1

- *Das Marmorbild* ist eine Novelle. Diese ist in fünf Abschnitte gegliedert, die im Aufbau dem klassischen Drama ähneln. Der 1. Abschnitt dient der Exposition; wichtige Personen und Örtlichkeiten werden vorgestellt und das handlungsauslösende Moment genannt. Im 2. und 3. Abschnitt entfaltet sich die Handlung bis zum Höhepunkt, der Verführungsszene im 4. Abschnitt. Im 5. Abschnitt lösen sich die Probleme, die Handlung um Florio und Bianka kommt zu einem glücklichen Ende.
- Wie bei Novellen üblich, ist die Zahl der Personen reduziert. Im *Marmorbild* gibt es zwar Nebenfiguren wie Pietro und mehrere namentlich nicht genannte Diener und Jungfrauen (vgl. 36.8 und 36.30). Das handlungstragende Personal besteht aber aus fünf Personen: Florio, Fortunato, Bianka, Donati und Venus.

Zu 6.2

- Im *Marmorbild* gibt es keine einheitliche Erzählperspektive. Die auktoriale Erzählhaltung ist zwar vorherrschend, es gibt aber auch Stellen, die aus der Sicht eines personalen Erzählers geschildert sind.
- Wie in der Romantik üblich, verwendet Eichendoff zahlreiche Synästhesien, miteinander verknüpfte bildhafte Eindrücke, die verschiedene Sinne ansprechen und damit zur Auflösung der Gattungsgrenzen und Schaffung eines Gesamtkunstwerks beitragen.
- Daneben kommen in der Novelle vielfach Schilderungen und Vergleiche vor, die den lyrischen Eindruck des Textes unterstreichen.
- Auffallend sind die gehäuft auftretenden Präsenspartizipien, die gleichfalls zur lyrischen Anmutung des Textes beitragen, indem sie ihm eine gleichsam schwebende, d. h. lyrisch-poetische Wirkung verleihen, sowie die Präfixe und Präpositionen, die entweder Bewegungen oder das Verharren in Zuständen zum Ausdruck bringen.
- Adjektive werden dagegen eher formelhaft als individuell gebraucht, so dass sie nicht für reale Beschreibungen von Personen oder Örtlichkeiten taugen. Sie bleiben meist unscharf, lediglich auf die Stimmungen beschränkt, die sie vermitteln.

7. Bianka und Venus – ein Vergleich

Aufgabenstellung

7.1 Charakterisieren sie die beiden weiblichen Hauptfiguren, Bianka und Venus.
7.2 Was ist ihre Funktion in der Novelle?

Lösungsvorschlag

Zu 7.1

- Bianka ist gezeichnet als junges Mädchen, sexuell unerfahren, aber durchaus interessiert an Florio. Sie bewegt sich ganz normal im Kreis ihrer Freundinnen, beim Spiel tagsüber, aber auch beim Feiern abends. Sie ist sich ihrer erotischen Ausstrahlung und ihrer Wirkung auf Männer zwar bewusst, wie ihre kecken Blicke zeigen, ist aber doch noch sehr von Zweifeln geprägt und in Beziehungsdingen leicht zu verunsichern (etwa, wenn sie sich von Florio abwendet, weil sie sich nicht geliebt fühlt). Am Ende tritt sie dann gar als Knabe auf, eine Maskerade, die sie wieder fallenlässt, als ihr klar wird, dass Florio sie liebt.
  Bianka ist im poetischen Sinn kein Charakter, sondern eine Rolle. Dies erkennt man daran, dass sie nur als Partnerin für Florio und nur unter erotischen oder sexuellen Aspekten ins Spiel kommt. Es ist von ihr nichts bekannt: weder Alter noch Herkunft, noch der Nachname, ihre Bildung (Ausbildung), Elternhaus usw.
- Venus tritt als schöne Dame auf. Sie ist charakterisiert als reich und mächtig, sie führt Reiterzüge an, geht auf die Jagd, wie es ihrer mythologischen Funktion entspricht, ist aber auch Verführerin, die in den Köpfen vieler junger Männer vorkommt. Sie tritt lautenspielend auf dem Maskenball in Erscheinung, dann im Kreise ihrer Jungfrauen im marmornen Palast. Schließlich beginnt sie Florio zu verführen.
  Venus ist eine mythologische Figur, also eine Fiktion. Sie kommt auch als marmorne Statue, eben als das „Marmorbild" vor, das die Handlung um Florio und Venus auslöst.
  Venus ist so dargestellt, wie man sie als römische Göttin kennt. Auch sie verkörpert nur eine Rolle, keinen entwicklungsfähigen Charakter. Ihr Äußeres ist dieser Rolle angepasst, weitere Informationen erhält der Leser über sie nicht.

Zu 7.2

Bianka und Venus stellen beide verschiedene Seiten bzw. Aspekte von Sexualität/Liebe/Erotik dar. Bianka steht für die personalisierte Liebe, die Liebe zu einem Menschen als einzigartiges Ereignis; Venus steht für Verführung und Sex. Beide entspringen unterschiedlichen Konzeptionen, die Venus der heidnischen römischen Kultur, Bianka der christlichen Kultur des Mittelalters. Venus und die schöne Dame finden ihr Gegenbild in der Muttergottes und Bianka.

Die kulturellen Werte des Christentums, auf die sich Florio am Ende besinnt, stehen im Vordergrund von Eichendorffs Novelle. Der christliche Lebensentwurf, wie er aus dem Mittelalter tradiert ist und den Fortunato und Bianka verkörpern, wird über das als heidnisch angesehene Konzept, für das die Venus bzw. die Antike steht, gestellt. Symbolisch drückt sich dies in der Rückverwandlung der Venus und im Verfall ihres Palastes aus.

Literaturhinweise

Bernsmeier, Helmut: Literaturwissenschaft für Schule und Studium: Joseph von Eichendorff. Stuttgart: Reclam, 2000. [*Zu Das Marmorbild* S. 69–78.]

Brück, Martin: Joseph von Eichendorff: *Das Marmorbild*. Interpretation. Freising: Stark, 2018.

Frühwald, Wolfgang: *Das Marmorbild*, eine Novelle. In: Heinz Ludwig Arnold (Hrsg.): Kindlers Literatur Lexikon. 3., völlig neu überarbeitete Aufl. Stuttgart: Metzler, 2009. S. 127.

Gebhardt, Armin: Eichendorff. Der letzte Romantiker. Marburg: Tectum, 2003.

Geist, Alexander: Joseph von Eichendorff – *Das Marmorbild*. Ideenbörse Deutsch Sekundarstufe II, Ausgabe 74 (August 2016). Mediengruppe Oberfranken – Fachverlage GmbH & Co. KG. https://www.edidact.de/downloadable/download/sample/sample_id/5133/ (abgerufen am 2. Januar 2020).

Heimböckel, Dieter: Ein „Meer von Stille" oder Von der Ungleichheit des Gleichen. Zum Wiederholungsstil in Joseph von Eichendorffs *Das Marmorbild*. In: Goethezeitportal. http://www.goethezeitportal.de/fileadmin/PDF/db/wiss/eichendorff/marmorbild_heimboeckel.pdf (abgerufen am 2. Januar 2020). – Erstpublikation in: Aurora. Jahrbuch der Eichendorff-Gesellschaft 63 (2003) S. 115–133.

Klotz, Volker: Venus Maria. Auflebende Frauenstatuen in der Novellistik. Bielefeld: Aisthesis Verlag, 2000.

Mudrak, Andreas: Lektüreschlüssel für Schülerinnen und Schüler: Joseph von Eichendorff. *Das Marmorbild*. Stuttgart: Reclam, 2008.

Pikulik, Lothar: Die Mythisierung des Geschlechtstriebes in Eichendorffs *Das Marmorbild*. In: Euphorion 71 (1977) S. 128–140.

Regener, Ursula: Erläuterungen und Dokumente: Joseph von Eichendorff. *Das Marmorbild*. Stuttgart: Reclam, 2004.

Stockinger, Ludwig: Poetische Religion – religiöse Poesie. Friedrich von Hardenberg (Novalis) und Joseph von Eichendorff. In: Wolfgang Braungart [u. a.] (Hrsg.): Ästhetische und religiöse Erfahrungen der Jahrhundertwenden. Bd. 1. Paderborn: Schöningh, 1997. S. 170–172.

Thielecke, Sonja: EinFach Deutsch Unterrichtsmodell: Joseph von Eichendorff. *Das Marmorbild*. Paderborn: Schöningh, 2010.

Stichwortverzeichnis